Inhalt

Inhalte auf der CD

Farbige PDFs:
- Stationen 1–15 des Lernzirkels
- Teste dich selbst!
- Feedbackbogen

Editierbare Word-Dateien:
- Laufzettel zum Lernzirkel
- Lernerfolgskontrolle
- Feedbackbogen
- Hefterbewertungsbogen

Vorwort

Liebe Kollegin, lieber Kollege,

der Erste Weltkrieg, oft als „Urkatastrophe des 20. Jahrhunderts“ bezeichnet, ist mittlerweile 100 Jahre her. Der Lernzirkel „Erster Weltkrieg“ versucht, die Vielschichtigkeit dieses Themas gemäß den Bildungs- und Lehrplänen politisch-historisch und in seiner menschlichen Dimension darzustellen. Das Leid der Frontsoldaten, das Leid der daheimgebliebenen Zivilbevölkerung und die Mehrfachbelastung der Frauen durch Fabrikarbeit, Kindererziehung und Haushalt zeigen beispielhaft die vielfältigen Auswirkungen dieses Konfliktes in allen Bereichen des sozialen und gesellschaftlichen Lebens.
Der Lernzirkel bietet den Schülern die Möglichkeit, sich auf übersichtliche Weise Wissen über den Ersten Weltkrieg anzueignen. Durch die didaktische Reduktion ist die komplexe Wirklichkeit dieses Konfliktes schülergemäß sprachlich und inhaltlich aufbereitet worden. Um die Motivation und die Neugier für das Thema aufrechtzuerhalten, verfügen alle Station über abwechslungsreiche Aufgabenformate, wie z. B. das Anfertigen von Mindmaps, das Erstellen von Bildanalysen oder die Auseinandersetzung mit Diagrammen. Inhaltlich besonders wichtige Stationen sind als Pflichtstationen gekennzeichnet und verfügen in sinnvollen Fällen über vereinfachte und Standardversionen, deren Anforderungsniveau mithilfe eines Ampelsymbols – grün für einfach, rot für Standard[1] – dargestellt ist. Zusätzlich zu dieser Binnendifferenzierung für die Pflichtstationen ist auf jeder Station gesondert der Schwierigkeitsgrad aufgeführt. Neben den Pflichtangeboten stehen drei Wahlpflichtbereiche zur Verfügung, welche aus jeweils drei Stationen mit unterschiedlichen Schwierigkeitsgraden bestehen. So wird allen Schülern, leistungsstarken wie leistungsschwächeren, ein individueller thematischer Zugang ermöglicht. Erfahrungsgemäß wird diese Art des Lernens auch von Klassen mit Disziplinschwierigkeiten gut angenommen und stellt für die Lehrkraft eine Erleichterung dar.
Der gewöhnliche schulische Alltag mit zahlreichen Unterrichtsstunden, diversen Konferenzen und dem Anspruch größtmöglicher Teilhabe aller Schüler am Unterricht schreckt viele Lehrer ab, binnendifferenzierte Lernzirkel selbst zu entwickeln. Hierfür liefert das vorliegende Heft ein Angebot. Dabei sind die Stationen so konzipiert, dass ein minimaler Materialaufwand beim Einsatz im Unterricht notwendig ist. Einmal kopiert oder ausgedruckt, können die Stationen über mehrere Schuljahre hinweg eingesetzt werden. Die Aufgaben sind so entwickelt worden, dass die Schüler mit ihrem Geschichtshefter arbeiten müssen und die verschiedenen Aufgaben nach individueller Lerntypenorientierung erfüllen können. Sie bekommen in dem Lernzirkel die Möglichkeit, sich selbstständig, eigenverantwortlich und intensiv mit dem historischen Inhalt zu befassen. Die Lehrkraft ist in diesem Fall Lernmoderator und sollte nur dann eingreifen, wenn einzelne Schüler die im Vorfeld besprochenen Arbeitsregeln für den Stationenbetrieb nicht einhalten. Der Lehrer hat so die Möglichkeit, sich aus dem Mittelpunkt des Unterrichtsgeschehens herauszunehmen, um Schüler einzeln zu fördern und zu fordern und um sich pädagogischen Aufgaben zu widmen.
Der Lernzirkel ist für die Sekundarstufe I konzipiert und bezieht sich, abhängig von der Klasse und methodischer Vorerfahrung, auf einen Zeitumfang von sechs bis zehn Unterrichtsstunden.
Die beiliegende CD bietet Ihnen einen großen Zusatznutzen, denn sie enthält alle Lernzirkelstationen als PDF in einer Farbversion – zum Ausdrucken für einen noch ansprechenderen Einsatz im Unterricht – und den Test sowie die Bewertungsbögen als editierbare Word-Dateien, sodass Sie diese nach Ihren Erfordernissen verändern können.
Ich wünsche Ihnen und Ihren Schülerinnen und Schülern viele neue Erkenntnisse zum Thema „Erster Weltkrieg“ sowie Spaß und Freude bei der Arbeit mit diesem Lernzirkel.

Mario Mikulic

1 Die PDFs auf der Begleit-CD enthalten die farbige Version; im Heft sind die Symbole schwarzweiß.

Vorteile von Lernzirkeln

Die Vorteile von Lernzirkeln allgemein und speziell von diesem sind vielfältig:

- Die Schüler bekommen die Möglichkeit, sich selbstständig, eigenverantwortlich und intensiv mit historischen Inhalten zu befassen.
- Die Schüler lernen in ihrem individuellen Tempo und haben die Möglichkeit, ihrem Lernweg entsprechend ihre Interessen und Fähigkeiten zu entwickeln.
- Lernzirkel können besonders zur Erarbeitung neuer Inhalte, aber auch zur Einübung des Gelernten eingesetzt werden. Die Stationen müssen unterschiedliche Schwierigkeitsgrade aufweisen, um sie als binnendifferenzierte Maßnahme einsetzen zu können.
- Die Schüler bewegen sich im Unterricht, indem sie von Stationstisch zu Stationstisch laufen bzw. die Station zu ihrem Tisch holen. Diese Bewegungsabläufe stellen eine Abwechslung dar und steigern die Konzentrationsfähigkeit innerhalb eines Acht-Stunden-Tages. Durch abwechslungsreiche Aufgabenformate werden unterschiedliche Lernkanäle angesprochen.
- Differenzierung ist möglich, weil die Stationen in differenzierten Ausführungen vorliegen. Darüber hinaus bestimmen die Schüler das Arbeitstempo.
- Die Schüler können sich in der Regel ihre Arbeitspartner aussuchen, dadurch trainieren sie ihre sozialen und kommunikativen Kompetenzen, und oft können sie sich den Lernstoff gegenseitig besser vermitteln, als es die Lehrkraft vermag.
- Neben Partner- und Gruppenarbeit ist ebenfalls die Einzelarbeit erlaubt, weil einige Schüler allein besser und konzentrierter arbeiten können.
- Für sechs bis zehn Unterrichtsstunden brauchen Sie sich nicht um den Fortschritt im Unterricht zu kümmern. Ihre Zeit investieren Sie in Beratung, Diagnostik und individuelle Gespräche.
- Zugleich wird diese Lernart erfahrungsgemäß von Klassen mit Disziplinschwierigkeiten gut angenommen und stellt für die Lehrkraft eine Entlastung dar.
- Die meisten Schüler und Lehrer empfinden den Unterricht im Lernzirkel als sehr angenehm.

Hinweise zu den Elementen des Lernzirkels

Laufzettel

1) Der Laufzettel sollte für alle Schüler einmal kopiert werden.
2) In den Spalten „a“ für „angefangen“ und „e“ für „erledigt“ tragen die Schüler entsprechende Vermerke ein.
3) In der „Kommentar/Frage“-Spalte des Laufzettels können die Schüler fachliche Fragen und Kommentare zu den Stationen notieren, beispielsweise ob Probleme oder Schwierigkeiten bei der Bearbeitung aufgetreten sind.
4) Es ist vorteilhaft, nach dem Unterricht den Laufzettel einzusammeln, weil Schüler diesen verlieren oder zu Hause liegen lassen könnten.

Stationen

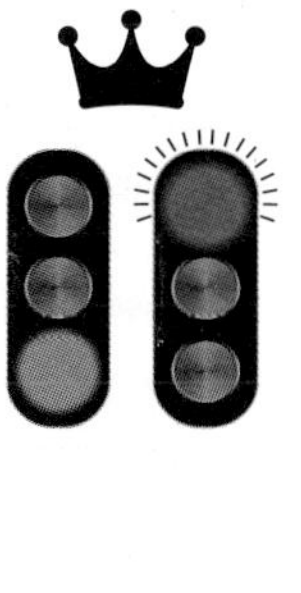

Die Stationen sind in drei Schwierigkeitsgrade gestuft, die mit Kronen dargestellt werden. Zusätzlich sind alle sechs Pflichtstationen neben der Stationsnummer mit einem grünen oder roten Ampelsymbol[2] gekennzeichnet. Diese Kennzeichnung zeigt an, dass diese Station in zwei Ausführungen vorhanden ist, und zwar in einer vereinfachten Fassung für Leistungsschwächere (grün) und in der Regelfassung für das mittlere und höhere Niveau (rot). Die binnendifferenzierte Vereinfachung wird quantitativ und qualitativ durchgeführt. Das heißt, dass manche simplifizierte Stationen einen kürzeren Text aufweisen oder dass bestimmte Schlüsselbegriffe markiert worden sind, um den Schülern das Erfassen des Textes zu erleichtern.

Es hat sich als sinnvoll erwiesen, bei knapp 30 Schülern die Pflichtstationen in dreifacher und die Wahlpflichtstationen in zweifacher Ausfertigung vorzubereiten. Diese Blätter sollten laminiert oder in Klarsichthüllen eingelegt werden, damit sie über Jahre hinaus verwendet werden können. Für die Bildanalyse in Station 12 ist es empfehlenswert, dass die Schüler diese Station in Farbe (Ausdruck von der Farb-PDF) erhalten.

2 Die PDFs auf der Begleit-CD enthalten die farbige Version; im Heft sind die Symbole schwarzweiß.

Lösungen
Die Lösungen können an der Tafel angebracht werden oder auf dem Pult ausliegen. Falls Schüler die ihnen gegebenen Freiheiten missbrauchen sollten, z. B. indem sie die ausgelegten Lösungen abschreiben, muss die Lehrkraft sofort im pädagogischen Sinne eingreifen. Im Vorfeld ist es wichtig, den Schülern den Sinn der Selbstkontrolle zu erklären. Ihnen muss bewusst werden, dass das pure Abschreiben der Lösungen Selbstbetrug ist und für ihren Lernerfolg und die erfolgreiche Bewältigung der Lernerfolgskontrolle nachteilige Auswirkungen hat. Selbstverständlich gibt es nicht immer nur eine „richtige" Lösung. Die Formulierungen der Schüler gelten auch als richtig, wenn der Inhalt sinngemäß korrekt ist.

Hefterbewertungsformular
Die intensive Arbeit an den Stationen verlangt, dass die Schüler ihren Hefter sorgfältig führen. Das heißt, sie müssen ihre angefertigten Arbeitsblätter wie in den Stationen beschrieben beschriften und stets z. B. im Schnellhefter abheften. Diesbezüglich ist die Transparenz der Bewertungskriterien sehr wichtig und sollte im Vorfeld bekanntgegeben werden. Das beiliegende Hefterformular (siehe S. 54) ermöglicht Schülern zunächst eine Selbsteinschätzung. Diese kann mit der Lehrereinschätzung bei der Rückgabe verglichen werden. Falls sich die Einschätzungen in hohem Maße widersprechen sollten, muss dies mit dem betreffenden Schüler intensiv besprochen werden.

Feedbackmethoden zum Unterricht bzw. zur Unterrichtseinheit
Rückmeldung zum Unterricht ist notwendig – und unausweichlich –, um die Qualität des Unterrichtens verbessern zu können. Pädagogen befähigen Schüler, konstruktive Kritik nach Vorträgen, Referaten oder Präsentationen zu artikulieren. In diesem Kontext hat es sich als positiv erwiesen, Schülern auch die Gelegenheit zu geben, die Unterrichtseinheit bzw. den Unterricht kritisch zu reflektieren. Dem Lehrer bietet das die Möglichkeit, den eigenen Unterricht zu optimieren, an den Bedürfnissen der Schüler zu orientieren und die Atmosphäre zu verbessern. Allein die Tatsache, dass Lehrer bereit sind, kritisch über ihren Unterricht zu sprechen, zeigt den Schülern, dass ihre Meinung wahrgenommen wird.
Als Feedbackmethode können zwei unterschiedliche Verfahren eingesetzt werden: die Handmethode und der Fragebogen (siehe S. 52 f.).

Wiederholung des Gelernten
Damit die Schüler nach Beendigung des Lernzirkels – aber vor der Klassenarbeit zum Abschluss der Unterrichtseinheit – noch einmal das Gelernte wiederholen können, steht das Blatt „Teste dich selbst!" zur Verfügung. In Form eines Kreuzworträtsels werden wichtige Begriffe zum Ersten Weltkrieg abgefragt. So festigen die Schüler noch einmal das Gelernte.

Klassenarbeit
Trotzt Anspruch auf Binnendifferenzierung in dieser Unterrichtseinheit muss die Bewertung der Klassenarbeit, spätestens wenn es um die Abschlussnoten geht, den allgemeinen gesetzlichen Standards entsprechen. Deshalb wird an dieser Stelle auf binnendifferenzierte Klassenarbeiten verzichtet, um die Vergleichbarkeit der Noten innerhalb der Klasse, Schule bzw. des Systems zu wahren.
Die Klassenarbeit besteht aus fünf Aufgaben und orientiert sich an den drei bekannten Anforderungsniveaus:

I. Wissen/Kennen
II. Verstehen/Verwenden
III. Bewerten/Urteilen

Erlauben Sie Ihren Schülern, einen Spicker auf einer DIN-A4-Seite für die Klassenarbeit anzufertigen, jedoch mit der Vorgabe, dass dieser ohne Text sein muss und nur mit Symbolen, Zeichnungen und Skizzen gefüllt werden darf. Um den geschichtlichen Inhalt in einen Spicker, der nur aus Symbolen besteht, zu übersetzen, sind die Schüler gezwungen, sich spielerisch intensiv mit der Thematik auseinanderzusetzen. Der Lerneffekt ist in diesem Fall nicht zu unterschätzen.

Liste der benötigten Materialien

Die Schüler benötigen folgende Materialien: Stifte, DIN-A4-Block und Hefter (oder Heft).

Die Lehrkraft sollte für Station 2 circa vier Bedeutungswörterbücher oder Fremdwörterbücher bereitstellen. Station 12 sollte in Farbe vorliegen.

Regeln für den Lernzirkel

Regel 1: Die Vorteile der Methode werden erläutert und hervorgehoben.
Es ist hilfreich, zu Beginn die Vorteile und den Sinn eines Lernzirkels zu erläutern. Erst wenn den Schülern die Methode sinnvoll erscheint, werden sie sie ausprobieren wollen.

Regel 2: Die Sozialform bestimmen die Schüler selbst.
Die Bildung der Sozialform wird den Schülern überlassen. Es hat sich gezeigt, dass dadurch die Sozialkompetenz positiv trainiert wird. Im Notfall muss die Lehrkraft eingreifen und nicht funktionierende Lernteams trennen. In der Regel hat sich die Partnerarbeit als effizient erwiesen, wobei an einigen Stationen auch kleine Lerngruppen erfolgreich arbeiten können. Wenn Schüler allein besser und konzentrierter arbeiten können als in Gruppen, dann sollten Sie auch dies zulassen.

Regel 3: Die Stationen bleiben an ihrem Ort.
Hier sind zwei Varianten möglich.

a) Der Loci-Methode folgend müssen die Stationen immer an dem Ort im Klassenraum erledigt werden, wo sie ausliegen. Damit der Überblick erhalten bleibt, sind „Tischreiterkarten" hilfreich. Auf diesen Karten steht lediglich die Nummer der Station und eventuell das Thema. Somit haben die Schüler sofort im Blickfeld, wo sich die einzelnen Stationen befinden und müssen nicht lange suchen. Dadurch, dass konkrete Unterrichtsinhalte an einem festen Ort innerhalb des Klassenraumes erledigt werden, ist es oft möglich, das Gelernte aufgrund der Verbindung mit der räumlichen Assoziation („am Fenster", „am Tisch ganz hinten") auch nach längerer Zeit aus dem Langzeitgedächtnis abzurufen. Denn das Gelernte wird mit einer bestimmten Situation und einer räumlichen Verortung verknüpft.

b) In kleinen Klassenräumen kann die Anordnung der Stationen und die ständige Bewegung der Schüler zu chaotischen Zuständen führen. In diesem Fall empfiehlt es sich, entgegen der Loci-Methode, die Stationen vor der Tafel auf einem Tisch oder auf dem Boden auszulegen. Die Schüler arbeiten dann an ihren Sitzplätzen und holen sich bei Bedarf die notwendige Station von vorn. Einige Schüler ziehen diese Variante vor, weil sie ihre Materialien am eigenen Sitzplatz lassen können. Um dem Gedränge im Klassenraum entgegenzuwirken, ist es ratsam, gegebenenfalls auf dem Gang zwei Tische aufzustellen.

Regel 4: Die Kriterien für die Leistungsbewertung müssen transparent sein.
Für die Lernerfolgskontrolle sollten nur die Pflichtstationen relevant sein, demzufolge sollten die Pflichtstationen nach Möglichkeit vorrangig bearbeitet werden. Die zeitliche Planung muss daher so angelegt sein, dass jeder Schüler in der Lage sein sollte, diese erfolgreich zu bearbeiten.
Die Leistungsbewertung ist nach Möglichkeit nach jeder Stunde vorzunehmen. Dabei ist nicht nur die Quantität der bearbeiteten Stationen wichtig, sondern auch die Qualität der erledigten Aufgaben und die Disziplin während der Arbeit.
Besonders wichtig ist, den Schülern deutlich zu machen, dass der Stoff in dieser Unterrichtseinheit nicht durch den Lehrer vorgetragen wird, sondern sie ihn sich im Rahmen des Lernzirkels selbst erarbeiten. Es gibt im Anschluss keine Zusammenfassung oder Wiederholung durch den Lehrer.

Regel 5: Die Lösungen bleiben an ihrem Ort.
Die Lösungen haben im Klassenraum einen festen Ort und dort bleiben sie auch. Sie können an der Tafel angebracht oder auf dem Pult ausgelegt werden. Dort können die Schüler sie einsehen, aber nicht mit an ihren Platz nehmen.

Regel 6: Die Aufzeichnungen muss jeder Schüler selbstverantwortlich führen.
Auch wenn Schüler zu zweit oder zu dritt arbeiten, muss jeder die Aufzeichnungen vollständig in seinem Hefter haben, um nachschlagen, wiederholen und sich auf die Klassenarbeit vorbereiten zu können.

Regel 7: Die Lehrkraft ist nur Berater in letzter Instanz.
Um offene Fragen zu klären, sollen zunächst Mitschüler konsultiert werden. Darüber hinaus können Fragen in der entsprechenden Spalte des Laufzettels notiert werden, um sich am Ende der Unterrichtsstunde beim Lehrer zu erkundigen. In dringenden Fällen kann die Lehrkraft sofort konsultiert werden.

Regel 8: Entsteht während des Lernzirkels Chaos, dann wird abgebrochen.
Falls es zu chaotischen Zuständen in der Klasse kommen sollte, wird sofort abgebrochen. Die Schüler werden über die einzuhaltenden Regeln belehrt und ihnen werden die Vorteile des Lernens mithilfe von Stationen noch einmal verdeutlicht. Im zweiten Anlauf, ob in derselben oder der nächsten Stunde, sollte das Lernen an Stationen besser funktionieren. Auch wenn es etwas unruhig sein sollte, ist es wichtig, die Unterrichtsstunde mit dieser Methode durchzuziehen, damit die Schüler Erfahrung mit dieser offenen Unterrichtsform sammeln können.

Fachliche Voraussetzungen der Schüler

Der Lernzirkel eignet sich nicht als Einstiegsstunde in den Themenbereich Erster Weltkrieg. Die Schüler sollten die Ursachen, die zum Ausbruch des Ersten Weltkrieges geführt haben, kennen. Dabei ist es wichtig, auf die allgemeine politische Situation des 19. und beginnenden 20. Jahrhunderts einzugehen. Der deutsch-französische Krieg von 1870/71, Bismarcks Bündnissystem, das Macht- und Kolonialstreben der Großmächte, der Imperialismus, das Wettrüsten und die Julikrise 1914 mit der Ermordung von Kronprinz Franz Ferdinand sollten im Vorfeld dieses Lernzirkels thematisiert worden sein. Mit diesen Wissensvoraussetzungen gelingt das erfolgreiche Bearbeiten der Stationen.
Der Lernzirkel fordert die Schüler heraus, ihre methodischen Kompetenzen zu erweitern. Selbst mit geringen Vorkenntnissen können die Aufgaben gelöst werden, weil einige Arbeitsaufträge mit abgebildeten Beispielen versehen sind.

Zeitlicher Umfang

Die Bearbeitung des Lernzirkels zielt auf einen zeitlichen Umfang von sechs bis zehn Unterrichtsstunden. Die Lernerfolgskontrolle bezieht sich lediglich auf die Inhalte der Pflichtstationen. Falls Sie unter Zeitdruck stehen, können Sie die Arbeitszeit für die obligatorischen Stationen gewähren und anschließend den Test schreiben lassen. Sie werden feststellen, dass einige Schüler den zeitlichen Rahmen nur für das Absolvieren der Pflichtstationen brauchen werden, jedoch werden andere in der Lage sein, alle erforderlichen Aufgaben zu erledigen. Diese Schüler können Sie z. B. mit Zusatzpunkten motivieren, die restlichen Stationen aus den Wahlpflichtbereichen zu erledigen. In diesem Fall hätten Ihre schnellen Schüler zusätzlich die Aufgaben von sechs Stationen zu erfüllen. Diese zeitliche Überbrückung sollte reichen und die Schere zwischen den langsamen und schnellen Schülern schließen, ohne dass es zu Leerlauf kommt.

Frühe Neuzeit ab 1500 | Neuzeit ab 1800 | Zeitgeschichte ab 1918

1517 Beginn der Reformation — 1789 Französische Revolution — 1848 Revolutionen in Europa — 1871 Deutsche Reichsgründung — **1914–1918 Erster Weltkrieg** — 1939–1945 Zweiter Weltkrieg

Erster Weltkrieg 1914–1918

Laufzettel

W/P	Station	a	e	Kommentar/Frage
P	1 oder 1.1 Ursachen und Anlass des Ersten Weltkrieges ♛♛♛			
P	2 oder 2.1 Begriffsdefinitionen ♛			
WP1	3 Schlieffenplan ♛♛			
WP1	4 Neue Waffentechnik ♛			
P	5 oder 5.1 Stellungs- und Bewegungskrieg und Materialschlachten ♛♛			
WP2	6 Heimatfront ♛♛			
WP2	7 Opfer des Ersten Weltkrieges ♛			
WP1	8 Feldpostbriefe ♛♛			
WP3	9 Die Hölle von Verdun ♛			
WP2	10 Truppenstärke ♛			
P	11 oder 11.1 Kriegsalltag ♛♛			
P	12 oder 12.1 Flandern – Otto Dix ♛♛♛			
WP3	13 Kriegspropaganda ♛♛			
WP3	14 Kriegseintritt der USA ♛♛♛			
P	15 oder 15.1 Kriegsschuldfrage ♛♛			

- Du musst alle Pflichtstationen (P) erledigen. Sie haben Vorrang in der Reihenfolge der Bearbeitung.
- Aus dem Wahlpflichtbereich (WP1–WP3) musst du jeweils eine Station bearbeiten.
- In den mittleren Spalten kreuzt du an: a = angefangen; e = erledigt.
- Alle Pflichtstationen gibt es zweimal: in der Standard- und in einer einfacheren Version; die leichtere Variante ist immer durch eine grüne Ampel gekennzeichnet. Du kannst selbst entscheiden, welche Version du bearbeitest.

Erster Weltkrieg 1914–1918

Station 1

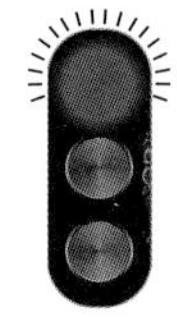

Ursachen und Anlass des Ersten Weltkrieges

Schwierigkeitsgrad ♛♛♛

Was ist zu tun?

1. Lege eine DIN-A4-Seite mit folgenden Informationen an: **Name, Datum** und Überschrift: **Ursachen und Anlass des Ersten Weltkrieges**.
2. Zeichne das Bild unten ab. „Befülle", ausgehend vom Text, das Fass mit den Ursachen für den Ausbruch des Ersten Weltkrieges und notiere den Anlass, also den Tropfen, der das Fass zum Überlaufen brachte. Schreibe die Ursachen und den Anlass aus Platzgründen neben die Zeichnung.

Ursachen und Anlass des Ersten Weltkrieges

Am Anfang eines Krieges stehen in der Regel zahlreiche Gründe für dessen Ausbruch. Nach der Reichsgründung von 1871 schloss Bismarck durch seine Bündnisverträge die Gefahr eines Zweifrontenkrieges mit Russland im Osten und Frankreich im Westen aus. Allerdings verlängerte Kaiser Wilhelm II. 1890 den „Rückversicherungsvertrag" mit Russland nicht. Somit erhöhte sich für das Deutsche Reich die Gefahr eines Zweifrontenkrieges erheblich. Zugleich waren Österreich-Ungarn und das Deutsche Reich durch Verträge eng miteinander verbunden. Diese beiden Reiche hatten einander zugesichert, sich im Kriegsfall gegenseitig zu unterstützen.
Darüber hinaus strebten die europäischen Großmächte nach mehr politischer Macht in der Welt. Dies wurde vor allem durch das Ziel, Kolonien zu erwerben, deutlich. Grenzstreitigkeiten und gegensätzliche Pläne in den afrikanischen und asiatischen Kolonien führten zu noch mehr Konfliktpotenzial.
Auch der Krieg von 1870/71 wirkte noch nach: Darin wurde Frankreich durch das Deutsche Reich gedemütigt. Frankreich musste die Regionen Elsass und Lothringen an das neu gegründete Reich abgeben, darüber hinaus wurde das Deutsche Reich in Frankreich, im Schloss von Versailles, ausgerufen. Seit diesem Ereignis waren die deutsch-französischen Beziehungen sehr schlecht.
Zudem rüsteten vor Kriegsausbruch viele europäische Staaten ihre Waffenbestände auf. Die europäischen Großmächte versuchten, sich in der Herstellung von Waffen, Kriegsschiffen und Munition zu übertrumpfen. Mit Waffen bestens ausgestattet fehlte nur noch ein Funke, bis der Krieg ausbrach. Dieser Funke war am 28. Juni 1914 die Ermordung des österreichischen Thronfolgers Franz Ferdinand durch den bosnisch-serbischen Studenten Gavrilo Princip in der bosnischen Stadt Sarajevo.

Anlass für den Ausbruch des Ersten Weltkrieges

____

____

Ursachen für den Ausbruch des Ersten Weltkrieges

____

____

____

____

____

Erster Weltkrieg 1914–1918

Station 1.1

Ursachen und Anlass des Ersten Weltkrieges

Schwierigkeitsgrad

Was ist zu tun?

1. Lege eine DIN-A4-Seite mit folgenden Informationen an: **Name, Datum** und Überschrift: **Ursachen und Anlass des Ersten Weltkrieges**.
2. Zeichne das Bild unten ab. „Befülle", ausgehend vom Text, das Fass mit den Ursachen für den Ausbruch des Ersten Weltkrieges und notiere den Anlass, also den Tropfen, der das Fass zum Überlaufen brachte. Schreibe die Ursachen und den Anlass aus Platzgründen neben die Zeichnung.

Ursachen und Anlass des Ersten Weltkrieges

Am Anfang eines Krieges stehen in der Regel zahlreiche Gründe für dessen Ausbruch. Nach der Reichsgründung von 1871 schloss Bismarck durch seine Bündnisverträge die Gefahr eines Zweifrontenkrieges mit Russland im Osten und Frankreich im Westen aus. Allerdings verlängerte Kaiser Wilhelm II. 1890 den „Rückversicherungsvertrag" mit Russland nicht. Somit erhöhte sich für das Deutsche Reich die Gefahr eines Zweifrontenkrieges erheblich. Zugleich waren Österreich-Ungarn und das Deutsche Reich durch Verträge eng miteinander verbunden. Diese beiden Reiche hatten einander zugesichert, sich im Kriegsfall gegenseitig zu unterstützen.

Darüber hinaus strebten die europäischen Großmächte nach mehr politischer Macht in der Welt. Dies wurde vor allem durch das Ziel, Kolonien zu erwerben, deutlich. Grenzstreitigkeiten und gegensätzliche Pläne in den afrikanischen und asiatischen Kolonien führten zu noch mehr Konfliktpotenzial.

Auch der Krieg von 1870/71 wirkte noch nach: Darin wurde Frankreich durch das Deutsche Reich gedemütigt. Frankreich musste die Regionen Elsass und Lothringen an das neu gegründete Reich abgeben, darüber hinaus wurde das Deutsche Reich in Frankreich, im Schloss von Versailles, ausgerufen. Seit diesem Ereignis waren die deutsch-französischen Beziehungen sehr schlecht.

Zudem rüsteten vor Kriegsausbruch viele europäische Staaten ihre Waffenbestände auf. Die europäischen Großmächte versuchten, sich in der Herstellung von Waffen, Kriegsschiffen und Munition zu übertrumpfen. Mit Waffen bestens ausgestattet fehlte nur noch ein Funke, bis der Krieg ausbrach. Dieser Funke war am 28. Juni 1914 die Ermordung des österreichischen Thronfolgers Franz Ferdinand durch den bosnisch-serbischen Studenten Gavrilo Princip in der bosnischen Stadt Sarajevo.

Anlass für den Ausbruch des Ersten Weltkrieges

____

____

Ursachen für den Ausbruch des Ersten Weltkrieges

____

____

____

____

____

Erster Weltkrieg 1914–1918

Station 2

Begriffsdefinitionen

Schwierigkeitsgrad ♛

Was ist zu tun?

1. Lege eine DIN-A4-Seite mit folgenden Informationen an: **Name, Datum** und Überschrift: **Begriffsdefinitionen**.
2. Schreibe die Tabelle ab. Was bedeuten diese Begriffe? Schlage nach und notiere die Bedeutungserklärungen.

Begriff	Bedeutung
Artillerie	
Blockade	
neutral	
Mobilmachung	
Streitkräfte	
Bunker	
Granate	
Front	
Infanterie	
marschieren	
Propaganda	
Wettrüsten, Aufrüstung	
rationieren	

Erster Weltkrieg 1914–1918

Station 2.1

Begriffsdefinitionen

Schwierigkeitsgrad

Was ist zu tun?

1. Lege eine DIN-A4-Seite mit folgenden Informationen an: **Name, Datum** und Überschrift: **Begriffsdefinitionen**.
2. Schreibe die Tabelle ab. Was bedeuten diese Begriffe? Schlage nach und notiere die Bedeutungserklärungen.

Begriff	**Bedeutung**
Artillerie	
Blockade	
neutral	
Front	
Infanterie	
Propaganda	
Wettrüsten, Aufrüstung	

Erster Weltkrieg 1914–1918

Station 3

Schlieffenplan

Schwierigkeitsgrad

Was ist zu tun?

1. Lege eine DIN-A4-Seite mit folgenden Informationen an: **Name**, **Datum** und Überschrift: **Schlieffenplan.**
2. Lies den Text sorgfältig durch. Achte beim Lesen vor allem auf folgende Aspekte:
   - Funktionsweise des Schlieffenplans
   - Risiken des Schlieffenplans
3. Richtig oder falsch? Unter dem Text stehen fünf Aussagen. Entscheide, welche richtig bzw. falsch sind. Schreibe nur die richtigen Aussagen ab.

Schlieffenplan

Alfred Graf von Schlieffen, zwischen 1891 und 1905 Chef des deutschen Generalstabs, entwickelte im Jahr 1905 einen strategischen Plan für einen Zweifrontenkrieg, also für den Fall, dass Deutschland im Osten gegen Russland und im Westen gegen Frankreich gleichzeitig kämpfen müsste. Neun Jahre später kam es zu dieser Situation: Deutschland erklärte am 1. August 1914 Russland den Krieg und zwei Tage später Frankreich.

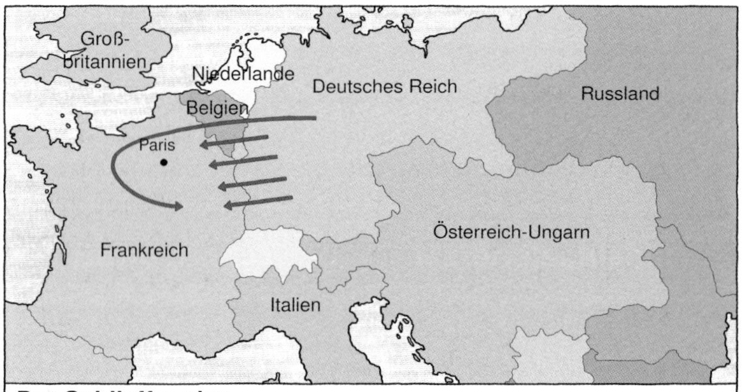

Der Schlieffenplan
⟵ geplanter deutscher Vormarsch

Schlieffen rechnete damit, dass Russland für seine Mobilmachung (Vorbereitung der Armee auf den Krieg) ungefähr sechs Wochen benötigen würde und somit erst nach dieser Zeit mit seinen Truppen an der deutschen Ostgrenze eintreffen könnte. Deshalb zog Deutschland einen großen Teil seiner Armeen zunächst nach Westen an die französische Front. Der Plan sah vor, Frankreich in einem Blitzkrieg innerhalb weniger Wochen zu erobern. Die deutschen Armeen sollten hauptsächlich von Norden über das neutrale Belgien in einem Zangenangriff attackieren, weil die Grenze zwischen Frankreich und Deutschland zu stark befestigt war. Nach der Eroberung Frankreichs sollte der Großteil der Armee in den Osten verlegt werden, um mit verstärkten Kräften gegen Russland zu kämpfen. Aufgrund des deutschen Einmarsches in Belgien erklärte die britische Regierung, die Belgiens Neutralität schützte, dem Deutschen Reich den Krieg. Der Schlieffenplan scheiterte nicht nur, weil Großbritannien Frankreich unterstützte, sondern auch, weil die russischen Truppen – anders als gedacht – innerhalb weniger Tage die deutsche Ostgrenze erreichten.

Richtig oder falsch? – Entscheide und schreibe nur die richtigen Aussagen ab!

1. Frankreich erklärte Deutschland den Krieg.
2. Laut Schlieffenplan sollten die französischen Streitkräfte in einem Blitzkrieg besiegt werden. Anschließend sollten die deutschen Truppen an der Ostfront gegen die russischen Streitkräfte kämpfen.
3. Das neutrale Belgien sollte erobert werden, weil auf dessen Gebiet große Gold- und Silbervorkommen vorhanden waren.
4. Großbritannien hat als Schutzmacht Russlands das Land mit Waffen und Munition im Krieg unterstützt.
5. Schlieffen vermutete, dass die Mobilmachung der russischen Armee einige Wochen dauern würde. Somit hätten die deutschen Truppen ausreichend Zeit, um zuerst Frankreich in einem Blitzkrieg zu besiegen.

Erster Weltkrieg 1914–1918

Station 4

Neue Waffentechnik

Schwierigkeitsgrad ♛

Was ist zu tun?

1. Lege eine DIN-A4-Seite mit folgenden Informationen an: **Name, Datum** und Überschrift: **Neue Waffentechnik**.
2. Lies den Text sorgfältig durch. Betrachte auch die 2. Seite.
3. Erstelle einen Spicker. Du darfst hierfür höchtens 30 Wörter verwenden, der Rest muss durch Bilder, Skizzen und Zeichen visualisiert werden.
4. Du solltest in der Lage sein, mithilfe des Spickers einen Kurzvortrag zu halten. Übe deinen Vortrag. Anschließend kannst du ihn einem deiner Mitschüler oder deinem Lehrer vortragen.

Neue Waffentechnik

Im Ersten Weltkrieg kamen auf dem Land, zu Wasser und in der Luft viele verbesserte oder neu entwickelte Waffen zum Einsatz. Giftgas war eine neue Waffe, die viele Opfer forderte. Es wurde zunächst mit der Windrichtung verblasen und später gezielt mit Gasgranaten abgefeuert. Das Gas zerfraß den Soldaten die Lungen und beschädigte ihre Schleimhäute. Zu ihrer Standardausrüstung gehörten deshalb Gasmasken, die im Falle eines Gasangriffs aber nur Schutz bieten konnten, wenn sie rechtzeitig aufgesetzt wurden.

Nachdem sich das Gas verflüchtigt hatte, kamen die angreifenden Soldaten aus den Schützengräben hervor und versuchten, die gegnerischen Stellungen zu stürmen und zu erobern. Dabei wurden Gewehre mit Bajonetten[1], aber auch Handgranaten und Maschinengewehre verwendet.

1916 wurden von Briten erstmals sogenannte Tanks eingesetzt, die mit Maschinengewehren oder Kanonen bewaffnet waren. Tanks, heute auch Panzer genannt, sind Raupenfahrzeuge, die Schützengräben, Maschinengewehrstellungen, Stacheldrahtzäune und Gebäude zerstören konnten.

Im Ersten Weltkrieg wurden die Kämpfe nicht nur auf dem Land ausgetragen, sondern auch auf See. So kamen 1915 erstmals deutsche U-Boote zum Einsatz. Diese griffen gegnerische Handels- und Kriegsschiffe an und versenkten sie. Ziel des deutschen Militärs war es, die britische Handelsblockade zu durchbrechen, damit das Deutsche Reich wieder kriegswichtige Güter erhalten konnte. Zugleich sollte Großbritannien von der amerikanischen Hilfe und Versorgung abgeschnitten werden, denn die USA waren ein Verbündeter Großbritanniens.

Neue Technik wurde auch in der Luft eingesetzt. So wurden Flugzeuge zur Aufklärung oder für Angriffe als Jagd- oder Bombenflugzeuge genutzt. Für den Ausgang des Ersten Weltkrieges hatten sie aber noch keine große Bedeutung.

1 Ein Bajonett ist eine Stichwaffe in Form eines langen Messers (bis zu 50 cm), das am Gewehrlauf angebracht ist.

2. Seite

Neue Waffentechnik – Bilder aus dem Ersten Weltkrieg

Station 4

Mit Gasmasken ausgerüstete deutsche Soldaten an einer Kanone, 1915

Panzerangriff mit Luftunterstützung in der Schlacht von Cambrai (Frankreich), 1917

Beschuss eines britischen Frachtschiffes im Mittelmeer, 1917

Zerschossene Landschaft bei Ypern (Belgien), 1917

Bulgarische Soldaten im Schützengraben

Erster Weltkrieg 1914–1918

Station 5

Stellungs- und Bewegungskrieg und Materialschlachten

Schwierigkeitsgrad ♛♛

Was ist zu tun?
1. Lege eine DIN-A4-Seite mit folgenden Informationen an: **Name, Datum** und Überschrift: **Stellungs- und Bewegungskrieg und Materialschlachten**.
2. Lies den Text sorgfältig durch.
3. Erstelle eine Tabelle mit den Merkmalen folgender Kampfhandlungen: Stellungskrieg, Bewegungskrieg, Materialschlacht (siehe Beispiel auf der 2. Seite).

Was ist ein Bewegungskrieg?

In einem Bewegungskrieg befindet sich mindestens die Armee einer Seite auf dem Vormarsch und erobert Gebiete. Dabei kommt es kaum zu Verschanzungen mit Bunkern oder Schützengräben, denn es gibt häufige und schnelle Änderungen des Frontverlaufs.

Dem Schlieffenplan folgend eroberten die deutschen Truppen Belgien und marschierten in Nordfrankreich ein. Je tiefer die deutschen Armeen nach Frankreich vordrangen, desto größer wurden aber die Nachschubprobleme. Denn der Bewegungskrieg verlangte eine sehr gut organisierte und flexible Versorgung des Frontverlaufs mit Kriegsgütern. So wurde mit verschiedenen Fahrzeugen die kilometerlange Front mit Soldaten und Waffen versorgt. Darüber hinaus marschierten Soldaten mit bis zu 40 kg Waffen und Gepäck.

Der deutsche Vormarsch erstarrte an dem französischen Fluss Marne, hier wandelte sich der Bewegungskrieg zum verlustreichen Stellungskrieg.

Deutsche Truppen auf dem Vormarsch in der Nähe von Etricourt (Frankreich), 1918

Was ist ein Stellungskrieg?

Der Begriff Stellungskrieg bezeichnet das Kämpfen gegnerischer Armeen aus befestigten Stellungen heraus. Dazu graben sich die Armeen in Schützengräben ein. Dieses Grabensystem besaß an der Westfront eine Länge von ca. 700 km und mancherorts lagen die gegnerischen Gräben nur 50 m auseinander. Die Gräben waren mit Stacheldrahtverhauen geschützt, sodass das Stürmen des Grabens durch feindliche Soldaten erschwert wurde. Der Stellungskrieg ist starr und unbeweglich. Ziel ist es, dem Gegner den Weg zu versperren, um ihn an der Eroberung neuer Gebiete zu hindern. Unter Einsatz vieler Kanonen, neuartiger Waffen wie Maschinengewehre, Flammenwerfer, Tanks (Panzer) und Giftgasgranaten beschossen sich die Armeen wochen- oder sogar monatelang gegenseitig. Auf beiden Seiten starben dabei Hunderttausende Soldaten.

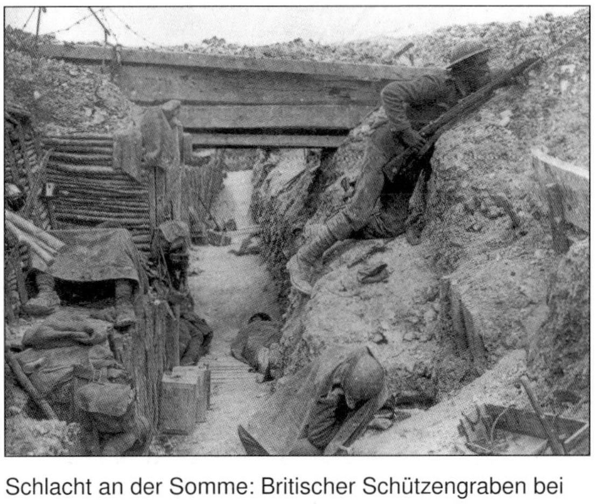

Schlacht an der Somme: Britischer Schützengraben bei Ovillers-la-Boisselle (Frankreich), 1916

2. Seite

Station 5

Was ist eine Materialschlacht?

Als Materialschlacht wird eine Kampfhandlung bezeichnet, in der große Mengen an Munition, Waffen, Kriegsmaterial und Truppen eingesetzt werden. Beide Kriegsparteien versuchen, durch eine Übermacht an Soldaten und Waffen und mit lang anhaltenden Angriffen und Dauerfeuer den Gegner zu zermürben und zu besiegen. Dabei kamen im Ersten Weltkrieg massiv neu entwickelte Waffen wie Geschütze, Granaten, Minen, Gasgranaten, Flammenwerfer, Tanks (Panzer) oder Flugzeuge zum Einsatz. Materialschlachten führten zu großen Verlusten auf allen Seiten, weil sich die Großangriffe tage- oder sogar wochenlang auf bestimmte Abschnitte der gegnerischen Front richteten.

In den Fabriken der Heimat wurde alles Material, das man für den Krieg gebrauchen konnte, verwendet, um daraus Waffen herzustellen. Nur so konnte der enorme Bedarf an Kriegsmaterial gedeckt werden.

Französisches Munitionslager bei Verdun, 1917

So soll die Tabelle aussehen:

Aufgabe	Stellungskrieg	Bewegungskrieg	Materialschlacht
Definition des Begriffs Notiere mit wenigen Stichworten die Merkmale der jeweiligen Kampfart.			
Zusatzaufgabe (freiwillig) Schreibe die im Ersten Weltkrieg auftretenden Besonderheiten auf.			

Erster Weltkrieg 1914–1918

Station 5.1

Stellungs- und Bewegungskrieg und Materialschlachten

Schwierigkeitsgrad ♛♛

Was ist zu tun?
1. Lege eine DIN-A4-Seite mit folgenden Informationen an: **Name, Datum** und Überschrift: **Stellungs- und Bewegungskrieg und Materialschlachten**.
2. Lies den Text sorgfältig durch.
3. Erstelle eine Tabelle mit den Merkmalen folgender Kampfhandlungen: Stellungskrieg, Bewegungskrieg, Materialschlacht (siehe Beispiel auf der 2. Seite).

Was ist ein Bewegungskrieg?

In einem Bewegungskrieg befindet sich mindestens die Armee einer Seite auf dem Vormarsch und erobert Gebiete. Dabei kommt es kaum zu Verschanzungen mit Bunkern oder Schützengräben, denn es gibt häufige und schnelle Änderungen des Frontverlaufs.

Dem Schlieffenplan folgend eroberten die deutschen Truppen Belgien und marschierten in Nordfrankreich ein. Je tiefer die deutschen Armeen nach Frankreich vordrangen, desto größer wurden aber die Nachschubprobleme. Denn der Bewegungskrieg verlangte eine sehr gut organisierte und flexible Versorgung des Frontverlaufs mit Kriegsgütern. So wurde mit verschiedenen Fahrzeugen die kilometerlange Front mit Soldaten und Waffen versorgt. Darüber hinaus marschierten Soldaten mit bis zu 40 kg Waffen und Gepäck.

Der deutsche Vormarsch erstarrte an dem französischen Fluss Marne, hier wandelte sich der Bewegungskrieg zum verlustreichen Stellungskrieg.

Deutsche Truppen auf dem Vormarsch in der Nähe von Etricourt (Frankreich), 1918

Was ist ein Stellungskrieg?

Der Begriff Stellungskrieg bezeichnet das Kämpfen gegnerischer Armeen aus befestigten Stellungen heraus. Dazu graben sich die Armeen in Schützengräben ein. Dieses Grabensystem besaß an der Westfront eine Länge von ca. 700 km und mancherorts lagen die gegnerischen Gräben nur 50 m auseinander. Die Gräben waren mit Stacheldrahtverhauen geschützt, sodass das Stürmen des Grabens durch feindliche Soldaten erschwert wurde. Der Stellungskrieg ist starr und unbeweglich. Ziel ist es, dem Gegner den Weg zu versperren, um ihn an der Eroberung neuer Gebiete zu hindern. Unter Einsatz vieler Kanonen, neuartiger Waffen wie Maschinengewehre, Flammenwerfer, Tanks (Panzer) und Giftgasgranaten beschossen sich die Armeen wochen- oder sogar monatelang gegenseitig. Auf beiden Seiten starben dabei Hunderttausende Soldaten.

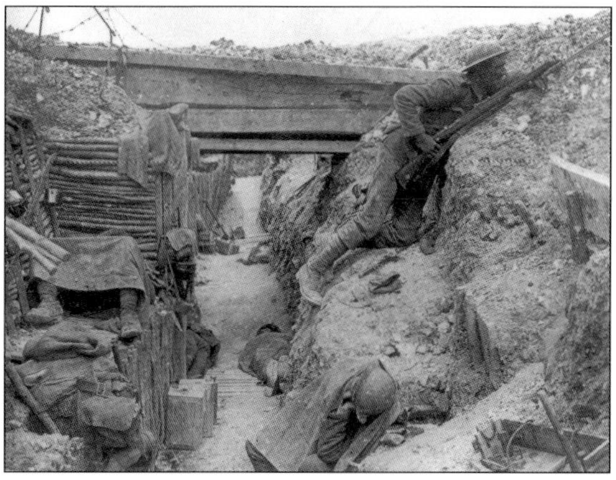

Schlacht an der Somme: Britischer Schützengraben bei Ovillers-la-Boisselle (Frankreich), 1916

2. Seite

Station 5.1

Was ist eine Materialschlacht?

Als Materialschlacht wird eine Kampfhandlung bezeichnet, in der große Mengen an Munition, Waffen, Kriegsmaterial und Truppen eingesetzt werden. Beide Kriegsparteien versuchen, durch eine Übermacht an Soldaten und Waffen und mit lang anhaltenden Angriffen und Dauerfeuer den Gegner zu zermürben und zu besiegen. Dabei kamen im Ersten Weltkrieg massiv neu entwickelte Waffen wie Geschütze, Granaten, Minen, Gasgranaten, Flammenwerfer, Tanks (Panzer) oder Flugzeuge zum Einsatz. Materialschlachten führten zu großen Verlusten auf allen Seiten, weil sich die Großangriffe tage- oder sogar wochenlang auf bestimmte Abschnitte der gegnerischen Front richteten.

In den Fabriken der Heimat wurde alles Material, das man für den Krieg gebrauchen konnte, verwendet, um daraus Waffen herzustellen. Nur so konnte der enorme Bedarf an Kriegsmaterial gedeckt werden.

Französisches Munitionslager bei Verdun, 1917

So soll die Tabelle aussehen:

Aufgabe	Stellungskrieg	Bewegungskrieg	Materialschlacht
Definition des Begriffs Notiere mit wenigen Stichworten die Merkmale der jeweiligen Kampfart.			
Zusatzaufgabe (freiwillig) Schreibe die im Ersten Weltkrieg auftretenden Besonderheiten auf.			

Erster Weltkrieg 1914–1918

Station 6

Heimatfront

Schwierigkeitsgrad ♛♛

Was ist zu tun?

1. Lege eine DIN-A4-Seite mit folgenden Informationen an: **Name, Datum** und Überschrift: **Heimatfront**.
2. Lies den Text sorgfältig durch.
3. Erstelle eine Mindmap. Benutze das Beispiel auf der 2. Seite als Orientierung. Die Fragen und die Zwischenüberschriften auf den Nebenästen sollen ebenfalls abgeschrieben und z. B. durch Markieren oder Unterstreichen hervorgehoben werden.

Heimatfront

Der Erste Weltkrieg wurde „an der Front" geführt. Damit ist der Verlauf der Kampflinie gemeint, an der sich die gegnerischen Soldaten gegenüberstanden. Unter dem Begriff „Heimatfront" versteht man dagegen keine kriegerische Auseinandersetzung, sondern die Einbeziehung der zu Hause, in der Heimat verbliebenen Zivilbevölkerung. Ihre Aufgabe war es, für die kämpfenden Truppen Lebensmittel, Kleidung und Geschirr, aber auch Waffen und Munition herzustellen sowie den Krieg finanziell und moralisch zu unterstützen.
Die Kriegsbegeisterung, die zu Beginn des Krieges herrschte, verringerte sich aber ab 1916 aufgrund von Tod, Hunger und Not deutlich.

Not und Hunger

Englische Schiffe blockierten die deutschen Seehäfen und die Nachschubwege nicht nur für Kriegsgeräte an der Front, sondern auch für die Versorgung der Zivilbevölkerung. Alltägliche Güter wie Seife, Kleidung und Schuhe wurden Mangelware. In den ersten Kriegsjahren war die Kartoffel das Hauptnahrungsmittel. Der Verbrauch von Kartoffeln und Kohlrüben stieg massiv an, weil auch das Angebot an Fleisch fast völlig fehlte. Schlechte Ernten und der strenge Winter von 1916 führten zu noch größerer Lebensmittelknappheit und zu Todesfällen aufgrund von Unterernährung.

Aufgaben von Frauen und Kindern

Wehrfähige Männer waren im Krieg an der Front eingesetzt. Ihre Arbeitsplätze waren somit unbesetzt. Damit die Produktion in der Industrie weiterlief, mussten Frauen und sogar Kinder die Arbeit der Männer verrichten. Sie arbeiteten oft 12 Stunden am Tag. Nachtschichten, Überstunden und schwere körperliche Arbeit gehörten zum Alltag. Frauen verdienten dabei für die gleiche Arbeit weniger als Männer. Nach der Arbeit mussten sie außerdem noch die Kinder und den Haushalt versorgen.

Kriegsmüdigkeit

Nach zwei Jahren Krieg war 1916 die anfängliche Kriegsbegeisterung verschwunden. Viele Familien betrauerten gefallene Angehörige. An der Heimatfront litten die Menschen an den Folgen der Unterernährung. Entbehrung, Hunger und Tod führten dazu, dass immer mehr Menschen die Einstellung der Kämpfe und Friedensverhandlungen forderten. Die grausamen Schlachten und die geringen Erfolge an der Front führten auch unter den Soldaten zunehmend zu offener Kriegsmüdigkeit.

2. Seite

Station 6

Heimatfront

Heimatfront

Was versteht man unter dem Begriff „Heimatfront“?

Welche Aufgaben hatte die Zivilbevölkerung?

Not und Hunger

Welche Auswirkungen hatte der Krieg auf die Zivilbevölkerung?

Was beeinflusste nachteilig den deutschen Seehandel bzw. die Nachschubwege?

Kriegsmüdigkeit

Was versteht man unter Kriegsmüdigkeit?

Warum stellte sich ab 1916 in der deutschen Bevölkerung eine Kriegsmüdigkeit ein?

Aufgaben von Frauen und Kindern

Welche Auswirkungen hatte der Krieg auf Frauen und Kinder?

Erster Weltkrieg 1914–1918

Station 7

Opfer des Ersten Weltkrieges

Schwierigkeitsgrad ♛

Was ist zu tun?

1. Lege eine DIN-A4-Seite mit folgenden Informationen an: **Name, Datum** und Überschrift: **Opfer des Ersten Weltkrieges von 1914–1918**.
2. Veranschauliche die Zahl der im Ersten Weltkrieg gefallenen und verwundeten Soldaten in einem Säulendiagramm. Die Zahlen findest du nach Ländern aufgeteilt in der Tabelle. Orientiere dich dabei an dem unten stehenden Beispiel.

Staaten	Gefallene	Verwundete
Deutschland	ca. 1,8 Millionen	ca. 4,2 Millionen
Frankreich	ca. 1,4 Millionen	ca. 4,3 Millionen
Großbritannien (mit Commonwealth)	ca. 0,9 Millionen	ca. 2,1 Millionen
Italien	ca. 0,6 Millionen	ca. 0,9 Millionen
Österreich-Ungarn	ca. 1,2 Millionen	ca. 3,6 Millionen
Russland	ca. 1,7 Millionen	ca. 5,0 Millionen

Die Tabelle gibt die Opferzahlen der hauptbeteiligten Staaten an. Viele weitere Staaten haben am Ersten Weltkrieg teilgenommen und ebenfalls gefallene und verwundete Soldaten zu beklagen.

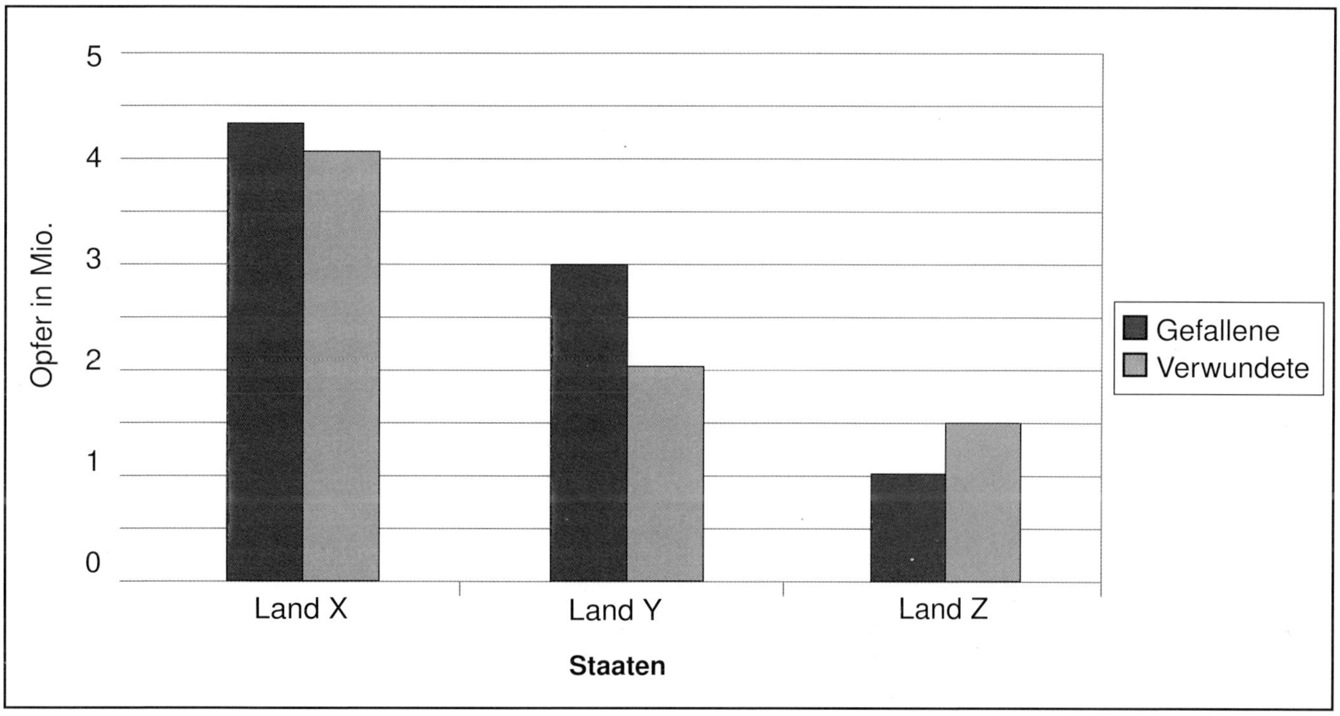

Erster Weltkrieg 1914–1918

Station 8

Feldpostbriefe

Schwierigkeitsgrad ♛♛

Was ist zu tun?

1. Lege eine DIN-A4-Seite mit folgenden Informationen an: **Name, Datum** und Überschrift: **Feldpostbriefe**.
2. Beschreibe schriftlich die Haltung und die Stimmung der Soldaten (Quellen 1, 2, 3).
3. Welche Unterschiede werden in den drei Briefen deutlich?

Quelle 1

„Drei Tage lang lagen wir in den Granatlöchern, dem Tod ins Auge sehend, ihn jeden Augenblick erwartend. Dazu kein Tropfen Wasser und der entsetzliche Leichengestank. Die eine Granate begräbt die Toten, die andere reißt sie wieder heraus. Will man sich eingraben, kommt man gleich auf Tote. Ich hatte eine Gruppe, doch gebetet hat jeder für sich. Das Schlimmste ist das Ablösen, das Rein und Raus. Durch das ständige Sperrfeuer. Hinzu ging es durchs Fort Douaumont, so was habe ich noch nie gesehen. Hier liegt alles voll schwer Verwundeter und riecht nach Toten [...]. Dazu liegt es ebenfalls ständig unter Feuer. Wir hatten ungefähr 40 Tote und Verwundete [...]. Das war noch wenig für eine Kompanie, wie man hörte. Alle sahen bleich und verzehrt aus. Ich will Euch nicht noch mehr Elend erzählen. Es mag genug sein. Seid herzlichst gegrüßt und geküsst und Gott befohlen von Eurem dankbaren Sohn und Bruder Karl."

Der Gefreite Karl Fritz aus den Schützengräben vor Verdun an seine Eltern und Schwestern im August 1916.

Quelle 2

„Die letzten zwei Tage in eisigem Schlamm, unter furchtbarem Artilleriefeuer, mit keiner anderen Deckung als der Enge des Grabens [...]. Natürlich hat der boche [herablassende französische Bezeichnung für Deutsche – d. Verf.] nicht angegriffen, das wäre auch zu dumm gewesen [...]. Ergebnis: Ich bin hier mit 175 Mann angekommen und mit 34 zurückgekehrt, von denen einige halb verrückt geworden sind [...]. Sie antworteten nicht mehr, wenn ich sie ansprach."

Hauptmann Augustin Cochin am Fuße des „Toten Mannes" [Anhöhe bei Verdun – d. Verf.] im April 1916.

Quelle 3

„Meine sehr teuere und sehr geliebte Marie, Gott hat es so gewollt; dieser Brief ist der letzte, den Sie von mir lesen werden! Ich schreibe ihn, nachdem ich den Befehl bekommen habe, einen Angriff anzuführen, welcher die größten Opfer mit sich bringen wird – meines insbesondere. Ich vertraue ihn einem Offizier der 232., Leutnant Ruez an, der ihn Ihnen überbringen wird, wenn mein Opfer vollbracht sein wird. Ich gebe gern mein Leben für Frankreich, für dessen Größe ich immer gearbeitet und gelebt habe. Ich werde als Christ scheiden, nachdem ich meine religiösen Pflichten erfüllt habe."

Coquelin de Lisle, Kommandeur der 255. Infanterie-Brigade, fiel am 11. Juni 1916 bei Fleury vor Verdun.

Feldpostbriefe nach: G-Geschichte (Hrsg.): Soldatenbriefe aus dem 1. Weltkrieg

Erster Weltkrieg 1914–1918

Station 9

Die Hölle von Verdun

Schwierigkeitsgrad ♛

Was ist zu tun?

1. Lege eine DIN-A4-Seite mit folgenden Informationen an: **Name, Datum** und Überschrift: **Die Hölle von Verdun**.
2. Lies den Text sorgfältig durch.
3. Schreibe den Text ab und setzte die unten stehenden Wörter passend in die Lücken ein.

Das verhängnisvolle Verdun

Verdun, ein Ort in ____________, war Schauplatz einer der opferreichsten Schlachten zwischen Deutschen und Franzosen im Ersten Weltkrieg. Verdun hatte für Frankreich strategische und symbolische Bedeutung. Die Schlacht begann im ____________ 1916 mit dem Angriff deutscher Truppen auf Verdun und endete am 20. ____________ desselben Jahres, ohne dass es zu größeren Verschiebungen der ____________ kam. Mehr als 1,5 Millionen ____________ standen sich auf kleinstem Raum gegenüber. Auf beiden Seiten fielen etwa ____________ Soldaten. Die ____________ andauernde Schlacht brachte für keine Seite einen entscheidenden Erfolg. Dabei wurde so viel Waffenmaterial verbraucht, dass diese Kampfhandlungen auch als ____________ bezeichnet wurden.

Dezember – Materialschlacht – monatelang – Februar – 500.000 – Frankreich – Front – Soldaten

Deutsche Infanteristen verlassen die Schützengräben, um die Höhe „Toter Mann" zu erstürmen.

Am Fuß der Höhe 304 bei Malancourt-Haucourt (Frankreich), 1916

Erster Weltkrieg 1914–1918

Station 10

Truppenstärke

Schwierigkeitsgrad ♛

Was ist zu tun?

1. Lege eine DIN-A4-Seite mit folgenden Informationen an: **Name, Datum** und Überschrift: **Truppenstärke im Ersten Weltkrieg**.
2. Veranschauliche die Zahlen der Truppenstärke im Ersten Weltkrieg in zwei Säulendiagrammen. Zeichne ein Diagramm für die Mittelmächte und ein Diagramm für die Mächte der Entente. Orientiere dich dabei an dem unten stehenden Beispiel. Die Zahlen findest du in den Tabellen nach Ländern sortiert.

Im Ersten Weltkrieg kämpften die Mittelmächte gegen die Mächte der Entente. Unter den Mittelmächten versteht man die durch einen Militärvertrag miteinander verbündeten Länder in Mittel- und Osteuropa. Die Entente (frz. für Bündnis, Einvernehmen) war ein Militärbündnis zwischen Frankreich, Großbritannien und Russland. Weitere Verbündete wie Italien, Rumänien, Serbien und die USA unterstützten die Entente.

Truppenstärke im Ersten Weltkrieg

Mittelmächte	gesamte Truppenstärke (in Mio.)
Deutschland	11,0
Österreich-Ungarn	7,8
Osmanisches Reich	2,8
Bulgarien	1,2
Gesamt	22,8

Mächte der Entente und weitere Verbündete	gesamte Truppenstärke (in Mio.)
Frankreich	8,5
Russland	12,0
Großbritannien	9,0
Italien	5,5
USA	4,8
Rumänien	0,75
Serbien	0,7
Gesamt	41,25

Beispieldiagramm

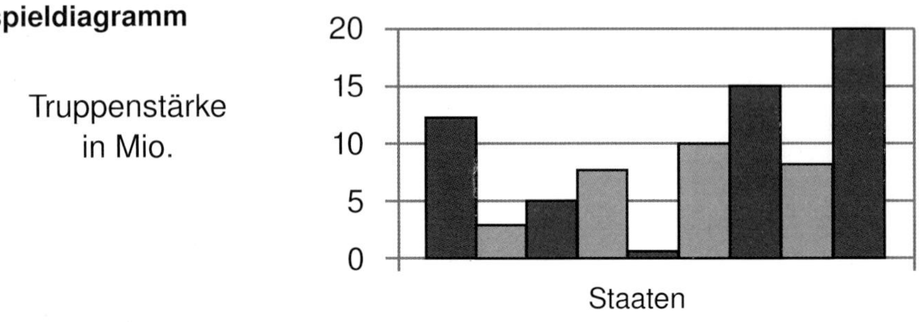

Erster Weltkrieg 1914–1918

Station 11

Kriegsalltag

Schwierigkeitsgrad

Was ist zu tun?

1. Lege eine DIN-A4-Seite mit folgenden Informationen an: **Name, Datum** und Überschrift: **Kriegsalltag**.
2. Lies den Text sorgfältig durch. Erstelle ein Flussdiagramm, das den Kriegsalltag darstellt. Auf der 2. Seite findest du Beispiele für Flussdiagramme. Verfahre folgendermaßen bei der Erstellung:
   - Suche dir aus dem Text die wichtigsten Stichpunkte heraus.
   - Sortiere diese Stichpunkte im Flussdiagramm in einer logischen und aufeinander aufbauenden Reihenfolge. Orientiere dich dabei an den Beispielen auf der 2. Seite und entwirf ein eigenes Flussdiagramm.
   - Das Flussdiagramm kann bis zu zehn Stichpunkte enthalten.

Kriegsalltag

Der an der Front stattfindende Krieg veränderte nicht nur das Leben der Soldaten, sondern auch das der Daheimgebliebenen. Die britische Seeblockade führte dazu, dass Handels- und Versorgungsschiffe die deutschen Häfen nicht erreichen konnten. Dadurch fehlten Lebensmittel, Rohstoffe und kriegswichtige Güter. Daraufhin rationierte der Staat die Lebensmittel. Diese konnten nur über sogenannte Lebensmittelkarten bezogen werden, jedoch reichten die Mengen nicht zur Deckung des täglichen Bedarfs aus. Insgesamt starben mehr als 700.000 Menschen im Deutschen Reich an den Folgen von Hunger und Unterernährung.

In der Landwirtschaft fehlten zahlreiche Arbeitskräfte. Die Männer waren an der Front und über eine Million Pferde wurden als Zugtiere für die Armee eingesetzt. Betrug die Kartoffelproduktion 1913, also vor dem Krieg, noch 52 Millionen Tonnen, sank sie wegen fehlender Arbeitskräfte und aus Mangel an Dünger bis zum Jahr 1918 auf nur noch 29 Millionen Tonnen ab. Mit anderen landwirtschaftlichen Produkten wie Getreide verhielt es sich ähnlich.

Anstehen nach Lebensmitteln in Deutschland, 1917

Da die meisten wehrfähigen Männer im Krieg an der Front kämpften, mussten die Frauen die Lücken in den Fabriken schließen. Sie stellten Waffen und Munition her, mussten sich um die Erziehung und Versorgung ihrer Kinder kümmern sowie den Haushalt organisieren. Frauen waren somit vielfach belastet.

2. Seite

Typische Flussdiagramme

Station 11

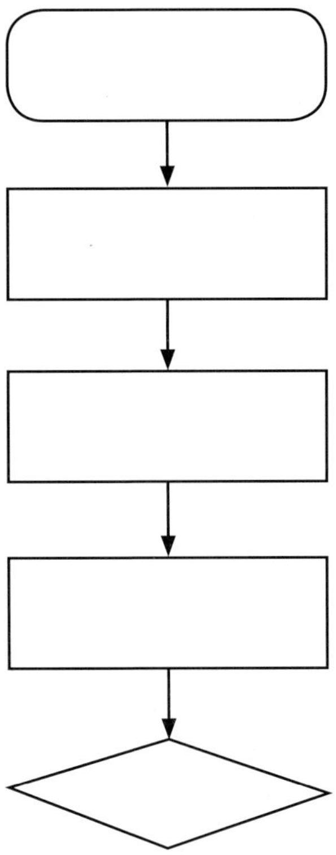

Kette

Dieses Flussdiagramm wird verwendet, um aufeinander aufbauende Ereignisse darzustellen.

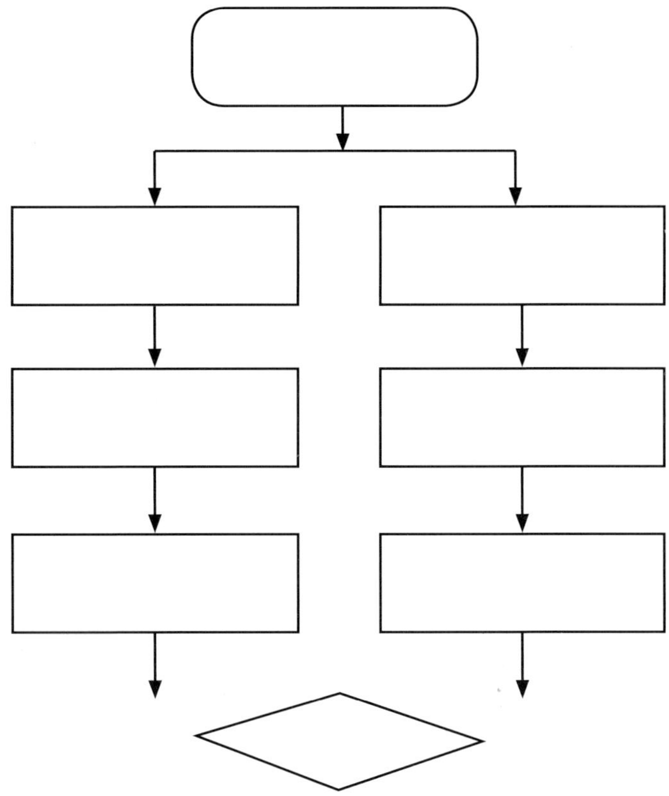

UND- bzw. ODER-Verzweigung

Dieses Flussdiagramm wird verwendet, um aufeinander aufbauende Ereignisse darzustellen, die jedoch zwei verschiedene Schwerpunkte bzw. Entwicklungen aufweisen.

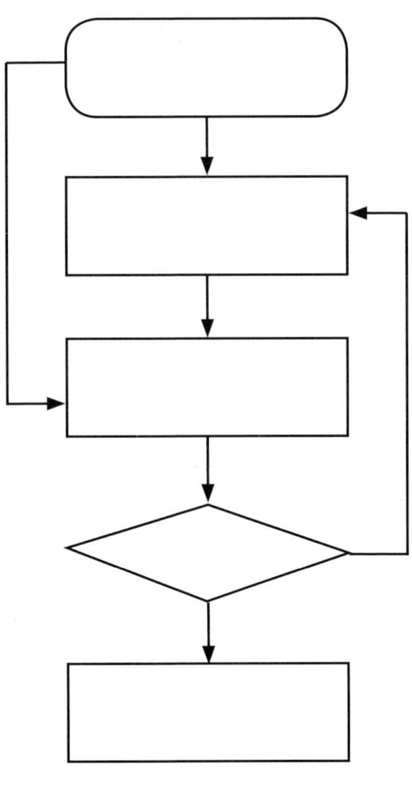

Rückkopplung

Dieses Flussdiagramm wird verwendet, um aufeinander aufbauende Ereignisse darzustellen, die wiederum auf vorherige Stichpunkte Auswirkungen haben können.

Erster Weltkrieg 1914–1918

Station 11.1

Kriegsalltag

Schwierigkeitsgrad ♛♛

Was ist zu tun?

1. Lege eine DIN-A4-Seite mit folgenden Informationen an: **Name, Datum** und Überschrift: **Kriegsalltag**.
2. Lies den Text sorgfältig durch. Erstelle ein Flussdiagramm, das den Kriegsalltag darstellt. Auf der 2. Seite findest du Beispiele für Flussdiagramme. Verfahre folgendermaßen bei der Erstellung:
   – Suche dir aus dem Text die wichtigsten Stichpunkte heraus.
   – Sortiere diese Stichpunkte im Flussdiagramm in einer logischen und aufeinander aufbauenden Reihenfolge. Orientiere dich dabei an den Beispielen auf der 2. Seite und entwirf ein eigenes Flussdiagramm.
   – Das Flussdiagramm kann bis zu zehn Stichpunkte enthalten.

Kriegsalltag

Der an der Front stattfindende Krieg veränderte nicht nur das Leben der Soldaten, sondern auch das der Daheimgebliebenen. Die britische Seeblockade führte dazu, dass Handels- und Versorgungsschiffe die deutschen Häfen nicht erreichen konnten. Dadurch fehlten Lebensmittel, Rohstoffe und kriegswichtige Güter. Daraufhin rationierte[1] der Staat die Lebensmittel. Diese konnten nur über sogenannte Lebensmittelkarten bezogen werden, jedoch reichten die Mengen nicht zur Deckung des täglichen Bedarfs aus. Insgesamt starben mehr als 700.000 Menschen im Deutschen Reich an den Folgen von Hunger und Unterernährung.

In der Landwirtschaft fehlten zahlreiche Arbeitskräfte. Die Männer waren an der Front und über eine Million Pferde wurden als Zugtiere für die Armee eingesetzt. Betrug die Kartoffelproduktion 1913, also vor dem Krieg, noch 52 Millionen Tonnen, sank sie wegen fehlender Arbeitskräfte und aus Mangel an Dünger bis zum Jahr 1918 auf nur noch 29 Millionen Tonnen ab. Mit anderen landwirtschaftlichen Produkten wie Getreide verhielt es sich ähnlich.

Da die meisten wehrfähigen Männer im Krieg an der Front kämpften, mussten die Frauen die Lücken in den Fabriken schließen. Sie stellten Waffen und Munition her, mussten sich um die Erziehung und Versorgung ihrer Kinder kümmern sowie den Haushalt organisieren. Frauen waren somit vielfach belastet.

Anstehen nach Lebensmitteln in Deutschland, 1917

1 Unter **Rationierung** versteht man die Zuteilung von beschränkt vorhandenen Gütern.

2. Seite

Typische Flussdiagramme

Station 11.1

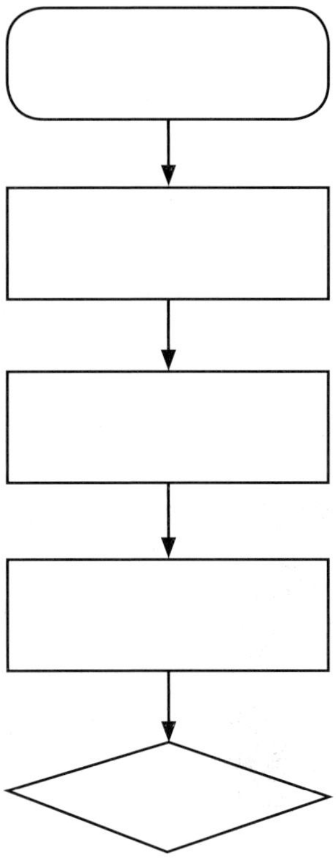

Kette

Dieses Flussdiagramm wird verwendet, um aufeinander aufbauende Ereignisse darzustellen.

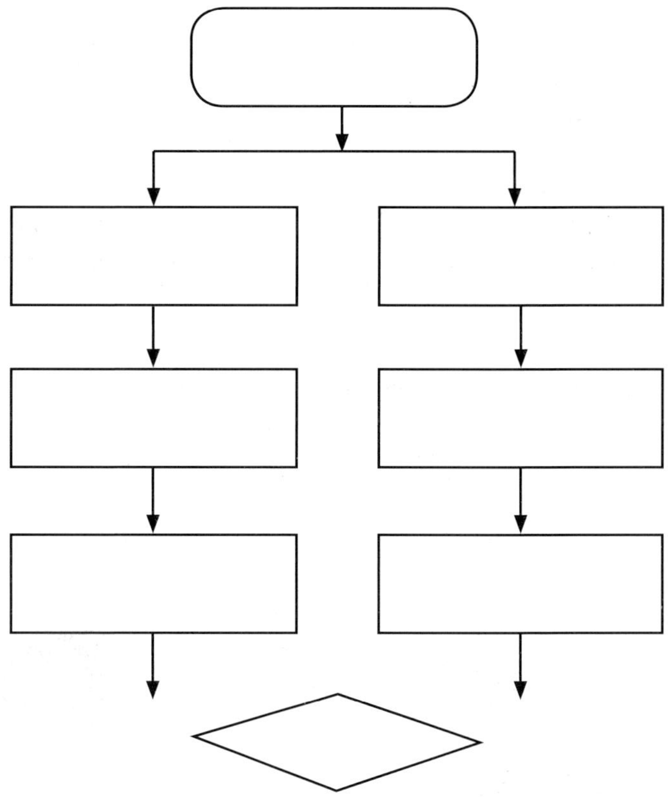

UND- bzw. ODER-Verzweigung

Dieses Flussdiagramm wird verwendet, um aufeinander aufbauende Ereignisse darzustellen, die jedoch zwei verschiedene Schwerpunkte bzw. Entwicklungen aufweisen.

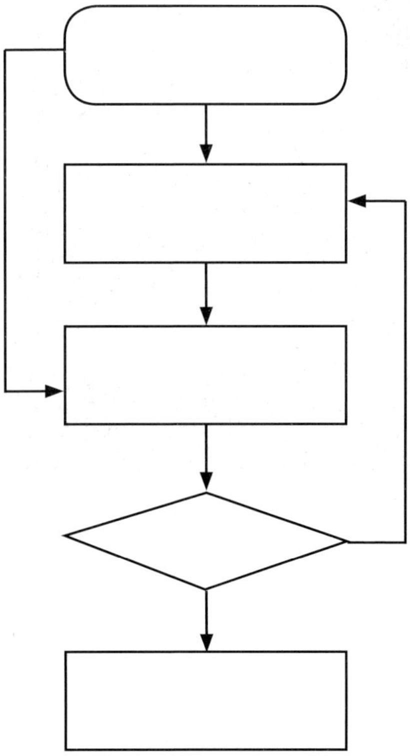

Rückkopplung

Dieses Flussdiagramm wird verwendet, um aufeinander aufbauende Ereignisse darzustellen, die wiederum auf vorherige Stichpunkte Auswirkungen haben können.

Erster Weltkrieg 1914–1918

Station 12

Flandern – Otto Dix

Schwierigkeitsgrad

Was ist zu tun?

1. Lege eine DIN-A4-Seite mit folgenden Informationen an: **Name, Datum** und Überschrift: **Flandern – Otto Dix**.
2. Schreibe in einigen Sätzen oder Stichpunkten deine Gedanken zum Gemälde von Otto Dix auf. Auf der 2. Seite findest du einen Leitfaden zur Bildanalyse. Gehe exakt nach dem Schema vor!

Gemälde von Otto Dix: Flandern, 1934–36 © VG Bild-Kunst, Bonn 2014
Standort: Nationalgalerie, Staatliche Museen zu Berlin

2. Seite

Bildanalyse

Station 12

Allgemeines	Titel des Bildes	
	Entstehungsjahr	
	Name des Künstlers	
	Aktueller Standort	
Ersteindruck	Was siehst du auf dem Bild?	
	Wie wirkt das Bild auf dich?	
	Welche Gefühle löst das Bild in dir aus?	
Nähere Untersuchung	Beschreibe die Farbgebung. Welche Stimmung wird durch die Farbgebung deutlich?	
	Beschreibe den Licht- und Schattenverlauf. Welche Stimmung wird deutlich?	
	Welche Mimik und Gestik (Gesichtsausdruck und Körpersprache) zeigen die abgebildeten Personen?	
	Welche weiteren Aussagen werden durch den Bildinhalt verdeutlicht?	
Eigene Bewertung	Würdest du dir dieses Gemälde im Zimmer aufhängen? Begründe deine Antwort!	
	Überlege dir einen anderen/eigenen Titel für das Gemälde!	

Erster Weltkrieg 1914–1918

Station 12.1

Flandern – Otto Dix

Schwierigkeitsgrad

Was ist zu tun?

1. Lege eine DIN-A4-Seite mit folgenden Informationen an: **Name, Datum** und Überschrift: **Flandern – Otto Dix**.
2. Schreibe in einigen Sätzen oder Stichpunkten deine Gedanken zum Gemälde von Otto Dix auf. Auf der 2. Seite findest du einen Leitfaden zur Bildanalyse. Gehe exakt nach dem Schema vor!

Gemälde von Otto Dix: Flandern, 1934–36 (bearbeitete Version) © VG Bild-Kunst, Bonn 2014
Standort: Nationalgalerie, Staatliche Museen zu Berlin

2. Seite

Bildanalyse

Station 12.1

Allgemeines	Titel des Bildes	
	Entstehungsjahr	
	Name des Künstlers	
	Aktueller Standort	
Ersteindruck	Was siehst du auf dem Bild?	
	Wie wirkt das Bild auf dich?	
	Welche Gefühle löst das Bild in dir aus?	
Nähere Untersuchung	Beschreibe die Farbgebung. Welche Stimmung wird durch die Farbgebung deutlich?	
	Beschreibe den Licht- und Schattenverlauf. Welche Stimmung wird deutlich?	
	Welche Mimik und Gestik (Gesichtsausdruck und Körpersprache) zeigen die abgebildeten Personen?	
	Welche weiteren Aussagen werden durch den Bildinhalt verdeutlicht?	
Eigene Bewertung	Würdest du dir dieses Gemälde im Zimmer aufhängen? Begründe deine Antwort!	
	Überlege dir einen anderen/eigenen Titel für das Gemälde!	

Erster Weltkrieg 1914–1918

Station 13

Kriegspropaganda

Schwierigkeitsgrad ♛♛

Was ist zu tun?

1. Lege eine DIN-A4-Seite mit folgenden Informationen an: **Name, Datum** und Überschrift: **Kriegspropaganda**.
2. Lies den Text sorgfältig durch.
3. Analysiere die Propagandaplakate auf der 2. Seite.
   Beantworte dazu folgende Fragen:
   a) Wer ist der Urheber des Plakats?
   b) Wer wird angesprochen?
   c) Was ist abgebildet?
   d) Welches Ziel wird mit dem Plakat verfolgt?
   e) Ist die Aussage realistisch?

Was ist Propaganda?

Unter Propaganda versteht man den absichtlichen Versuch, Sichtweisen, Meinungen und Verhalten der Bevölkerung zu beeinflussen und zu steuern. In der Zeit des Ersten Weltkrieges wurden dazu Plakate, Flugblätter, Zeitungen und Filme eingesetzt, um die eigenen Ideen und Meinungen systematisch zu verbreiten.
Die Propaganda im Ersten Weltkrieg sollte vor allem der eigenen Bevölkerung vermitteln, dass man auf der richtigen Seite stehe und der Krieg notwendig und richtig sei. Außerdem warb man mit der Propaganda auch für die finanzielle Unterstützung des Krieges.

Deutsche Propaganda

Die deutsche Propaganda versuchte im Ersten Weltkrieg, die eigene Stärke herauszustellen, um die Kampfmoral der Bevölkerung zu stärken. Die Gegner wurden oft als grausame Barbaren dargestellt. Man verbreitete Gräuelgeschichten, die die britischen und französischen Soldaten als blutrünstige, hinterhältige und Blut trinkende Soldaten darstellten. Aber auch die russische Bevölkerung wurde als ein Volk von Barbaren und Primitiven in den deutschen Medien verunglimpft. Im Gegensatz dazu stellten sich die Deutschen als ein zivilisiertes Kulturvolk dar, welches den Nachbarn deutlich überlegen sei.

Die Propaganda der Länder der Entente

Die Propaganda der britischen und französischen Gegner konnte ausnutzen, dass die Deutschen durch den Einmarsch ins neutrale Belgien als Angreifer im Krieg galten. Sie wurden stets als unkultivierte Barbaren dargestellt, auf Plakaten tauchte der „hässliche Deutsche“, der seine Nachbarstaaten „vergewaltigt“, immer wieder auf. Geschichten über angebliche oder tatsächliche deutsche Gräueltaten an der unschuldigen Zivilbevölkerung wurden in allen Einzelheiten berichtet und in Zeitungen veröffentlicht.
In der amerikanischen Propaganda wurden die deutschen Soldaten ab dem Kriegseintritt 1917 ebenfalls als mordende Monster dargestellt. Die eigene Bevölkerung und die kämpfenden Soldaten sollten vermittelt bekommen, dass sie die Zivilisation gegen die deutschen Barbaren verteidigten.

2. Seite

Französische und deutsche Propagandaplakate

Station 13

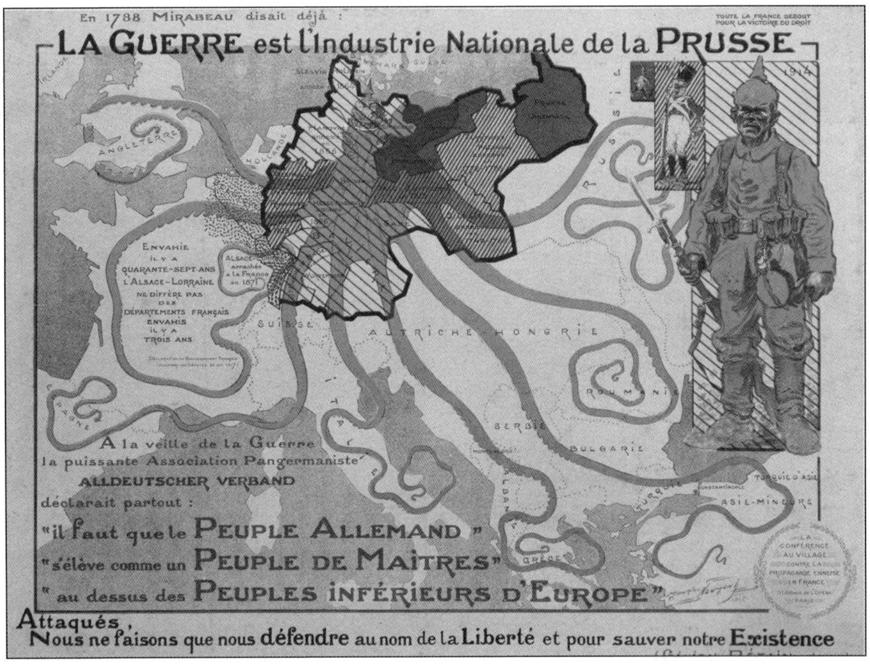

La Guerre est l'Industrie Nationale de la Prusse

(Der Krieg ist die nationale Industrie Preußens)

Französisches Propagandaplakat mit der Darstellung Deutschlands als Krake, Paris, Dezember 1917

Übersetzung:
„Am Vorabend des Krieges deklarierte der mächtige Alldeutsche Verband überall:

- Das deutsche Volk möge sich wie ein Volk von Meistern erheben.
- Das deutsche Volk möge sich über das unterlegene Volk Europas erheben."

Russische Grenzsoldaten

Deutsche Propagandapostkarte mit der Darstellung von zwei verlumpten und hungernden russischen Soldaten, Berlin, 1914

Erster Weltkrieg 1914–1918

Station 14

Kriegseintritt der USA

Schwierigkeitsgrad ♛♛♛

Was ist zu tun?

1. Lege eine DIN-A4-Seite mit folgenden Informationen an: **Name, Datum** und Überschrift: **Kriegseintritt der USA**.
2. Lies den Text sorgfältig durch.
3. Stell dir vor, du bist ein Journalist und hast gerade die Nachricht von der Versenkung der „Lusitania" erfahren. Schreibe dazu zwei Zeitungsartikel: je einen aus der Perspektive (Sichtweise) eines deutschen und eines britischen Journalisten. Beschränke dich für jeden Artikel auf maximal 100 Wörter. Wenn du den Artikel aus Sicht eines britischen Journalisten schreibst, kannst du gerne die englische Sprache benutzen. (Mindestanforderung für den Artikel: Was ist passiert? Wo ist es passiert? Wann ist es passiert? Wer ist beteiligt?)

Kriegseintritt der USA

Zu Beginn des Ersten Weltkrieges verfolgten die Amerikaner eine Politik der Neutralität, obwohl sie eigentlich ein Verbündeter und Unterstützer Großbritanniens waren. Der amerikanische Präsident Wilson hatte von Kriegsbeginn an versucht, zwischen den Krieg führenden Staaten zu vermitteln und einen Frieden ohne Sieger oder Besiegte auszuhandeln. Dies gelang ihm jedoch nicht.

Das Deutsche Reich war während des Krieges auf Lebensmittel- und Rohstofflieferungen aus dem Ausland angewiesen. Jedoch blockierten britische Schiffe in der Nord- und Ostsee die deutschen Nachschubwege. Dagegen versuchte sich die deutsche Marine zu wehren, indem sie eine Gegenblockade um Großbritannien errichtete und Schiffe des Kriegsgegners zu versenken versuchte.

Der britische Passagierdampfer „Lusitania" verkehrte zwischen den USA und Großbritannien. Im Mai 1915 verlief die Überfahrt von New York nach Liverpool sechs Tage lang ereignislos. Aber mit zunehmender Nähe zur Kriegszone rund um Großbritannien stieg die Nervosität unter den Passagieren, weil es vor der Abfahrt Warnungen vor einem möglichen Beschuss durch deutsche U-Boote gegeben hatte. An Bord befanden sich 1258 Passagiere und 701 Besatzungsmitglieder (1367 Männer, 463 Frauen, 129 Kinder). In der letzten Nacht übernachteten viele Passagiere auf dem Schiffsdeck, um im Falle eines Angriffs näher an den Rettungsbooten zu sein. Tatsächlich kam es zum Angriff. Am 7. Mai 1915 um 14:10 Uhr wurde die „Lusitania" durch ein deutsches U-Boot vor der Südküste Irlands torpediert und im Atlantischen Ozean versenkt. 1198 Passagiere fanden den Tod, darunter 128 US-amerikanische Staatsbürger.

U-Boot-Angriffe solcher Art waren ein Verstoß gegen geltendes Völkerrecht, dementsprechend groß war die internationale Empörung, vor allem in den USA und Großbritannien. Heute weiß man allerdings, dass sich an Bord der „Lusitania" auch Frachtkisten mit Kriegsmunition für Großbritannien befanden. Das war den Deutschen jedoch nicht bekannt, als sie angriffen.

Nach der Versenkung der „Lusitania" wurde der uneingeschränkte U-Boot-Krieg gegen zivile Schiffe vom Deutschen Reich zunächst gestoppt. Ab dem 1. Februar 1917 nahmen sie ihn jedoch wieder auf. Die USA erklärten daraufhin am 6. April 1917 dem Deutschen Reich den Krieg.

Erster Weltkrieg 1914–1918

Station 15

Kriegsschuldfrage

Schwierigkeitsgrad ♛♛

Was ist zu tun?

1. Lege eine DIN-A4-Seite mit folgenden Informationen an: **Name, Datum** und Überschrift: **Kriegsschuldfrage**.
2. Erstelle ein Tafelbild zu den verschiedenen Positionen der Kriegsschuldfrage. Beachte, dass das Tafelbild stichpunktartig aufgebaut sein soll. Die Vorschläge auf der 2. Seite können dir als Idee dienen. Selbstverständlich kannst du auch eine eigene Gestaltung wählen.

Kriegsschuldfrage

Wer ist am Ausbruch des Ersten Weltkrieges schuld? Diese Frage lässt sich nicht eindeutig beantworten. Historiker haben diesbezüglich unterschiedliche Auffassungen.

Das Deutsche Reich verlor den Krieg gegen die Mächte der Entente und ihre Verbündeten (Frankreich, Großbritannien, USA u. a.). Im Anschluss an den Krieg fand eine Friedenskonferenz im Schloss von Versailles (Frankreich) statt. Bei der Aushandlung der Friedensbedingungen wurden die Deutschen ausgeschlossen. Ein Paragraf des Friedensvertrags legte fest, dass das Deutsche Reich die alleinige Schuld am Ausbruch des Krieges trägt. Dies bedeutete auch, dass das Deutsche Reich Entschädigungen und Reparationen für die im Krieg verursachten Schäden an die Sieger zahlen musste. Die Mehrheit der deutschen Bevölkerung nahm den Ersten Weltkrieg jedoch als einen Verteidigungskrieg wahr. Daher löste die Frage der Kriegsschuld große Empörung in der deutschen Öffentlichkeit aus.

Die Historiker haben verschiedene Meinungen zur Kriegsschuldfrage entwickelt.

Position 1:

Der deutsche Historiker Fischer vertritt die Auffassung, dass die deutsche Führung die Hauptschuld für den Kriegsausbruch trägt. Schließlich hat das Deutsche Reich Russland und Frankreich den Krieg erklärt und darüber hinaus unbeteiligte Staaten wie Belgien und Luxemburg angegriffen. Er betrachtet auch das Flottenwettrüsten und die Konkurrenz bei der Eroberung der Kolonien als wesentliche Faktoren.

Position 2:

Wolfgang Mommsen ist der Auffassung, dass alle europäischen Großmächte den Krieg wollten. Schließlich gab es überall starke nationalistische Gruppen und alle Länder waren hochgerüstet. Die Begeisterung über den Kriegsausbruch war daher in den meisten europäischen Ländern groß. Mommsens Meinung nach ist das Deutsche Reich durch seine Angriffspläne seinen Gegnern lediglich zuvorgekommen.

Position 3:

Der sowjetische Historiker Bestuschew sagt in Erwiderung auf Fischers These, dass die Politik aller Großmächte objektiv zum Krieg führen musste. Ihm zufolge tragen die herrschenden Kreise aller Großmächte die Verantwortung für den Kriegsausbruch.

Position 4:

Der britische Premierminister George meint, dass keiner der führenden Politiker bewusst einen Krieg wollte. Sie seien alle in den Krieg „hineingeschlittert".

2. Seite

Gestaltung des Tafelbildes

Station 15

Möglichkeit A:

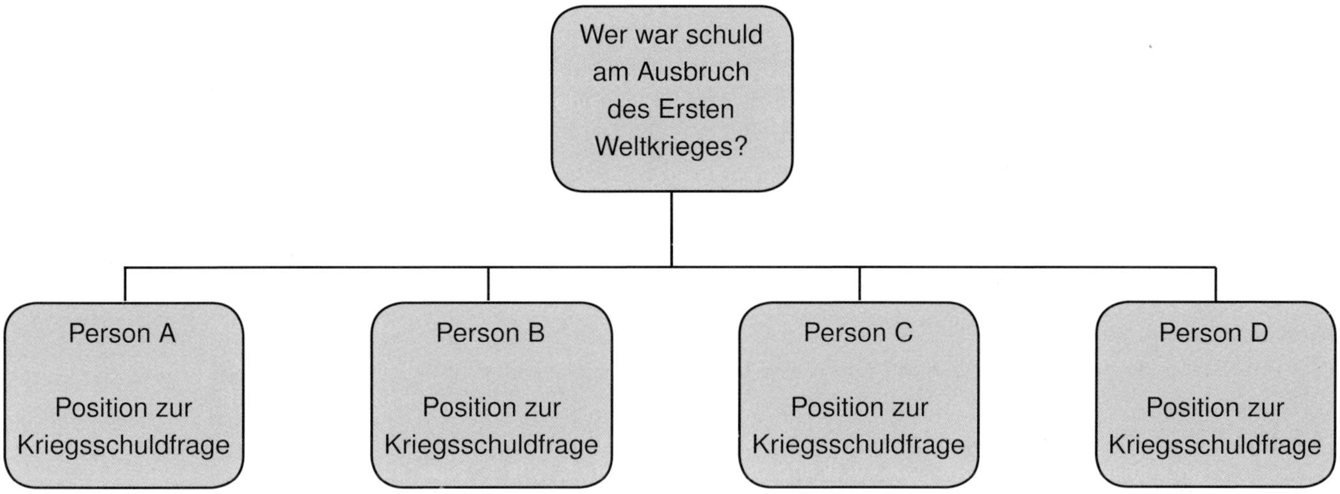

Möglichkeit B:

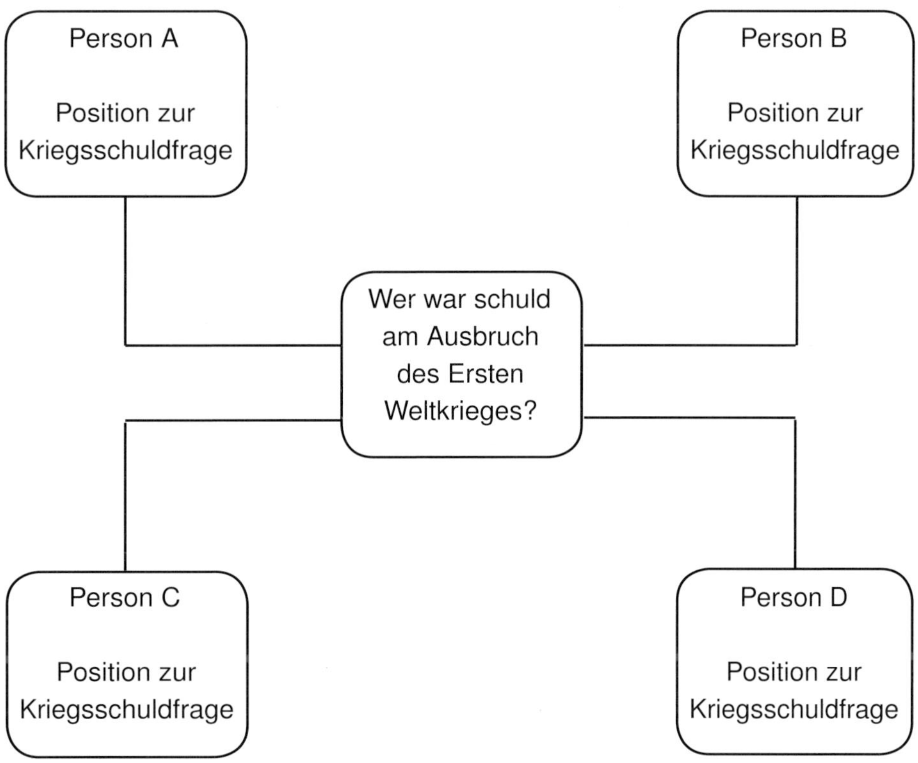

Erster Weltkrieg 1914–1918

Station 15.1

Kriegsschuldfrage

Schwierigkeitsgrad ♛♛

Was ist zu tun?

1. Lege eine DIN-A4-Seite mit folgenden Informationen an: **Name, Datum** und Überschrift: **Kriegsschuldfrage**.
2. Erstelle ein Tafelbild zu den verschiedenen Positionen der Kriegsschuldfrage. Beachte, dass das Tafelbild stichpunktartig aufgebaut sein soll. Die Vorschläge auf der 2. Seite können dir als Idee dienen. Selbstverständlich kannst du auch eine eigene Gestaltung wählen.

Kriegsschuldfrage

Wer ist am Ausbruch des Ersten Weltkrieges schuld? Diese Frage lässt sich nicht eindeutig beantworten. Historiker haben diesbezüglich unterschiedliche Auffassungen.

Das Deutsche Reich verlor den Krieg gegen die Mächte der Entente und ihre Verbündeten (Frankreich, Großbritannien, USA u. a.). Im Anschluss an den Krieg fand eine Friedenskonferenz im Schloss von Versailles (Frankreich) statt. Bei der Aushandlung der Friedensbedingungen wurden die Deutschen ausgeschlossen. Ein Paragraf des Friedensvertrags legte fest, dass das Deutsche Reich die alleinige Schuld am Ausbruch des Krieges trägt. Dies bedeutete auch, dass das Deutsche Reich Entschädigungen und Reparationen für die im Krieg verursachten Schäden an die Sieger zahlen musste. Die Mehrheit der deutschen Bevölkerung nahm den Ersten Weltkrieg jedoch als einen Verteidigungskrieg wahr. Daher löste die Frage der Kriegsschuld große Empörung in der deutschen Öffentlichkeit aus.

Die Historiker haben verschiedene Meinungen zur Kriegsschuldfrage entwickelt.

Position 1:

Der deutsche Historiker Fischer vertritt die Auffassung, dass die deutsche Führung die Hauptschuld für den Kriegsausbruch trägt. Schließlich hat das Deutsche Reich Russland und Frankreich den Krieg erklärt und darüber hinaus unbeteiligte Staaten wie Belgien und Luxemburg angegriffen. Er betrachtet auch das Flottenwettrüsten und die Konkurrenz bei der Eroberung der Kolonien als wesentliche Faktoren.

Position 2:

Wolfgang Mommsen ist der Auffassung, dass alle europäischen Großmächte den Krieg wollten. Schließlich gab es überall starke nationalistische Gruppen und alle Länder waren hochgerüstet. Die Begeisterung über den Kriegsausbruch war daher in den meisten europäischen Ländern groß. Mommsens Meinung nach ist das Deutsche Reich durch seine Angriffspläne seinen Gegnern lediglich zuvorgekommen.

Position 3:

Der sowjetische Historiker Bestuschew sagt in Erwiderung auf Fischers These, dass die Politik aller Großmächte objektiv zum Krieg führen musste. Ihm zufolge tragen die herrschenden Kreise aller Großmächte die Verantwortung für den Kriegsausbruch.

Position 4:

Der britische Premierminister George meint, dass keiner der führenden Politiker bewusst einen Krieg wollte. Sie seien alle in den Krieg „hineingeschlittert“.

2. Seite

Gestaltung des Tafelbildes

Station 15.1

Möglichkeit A:

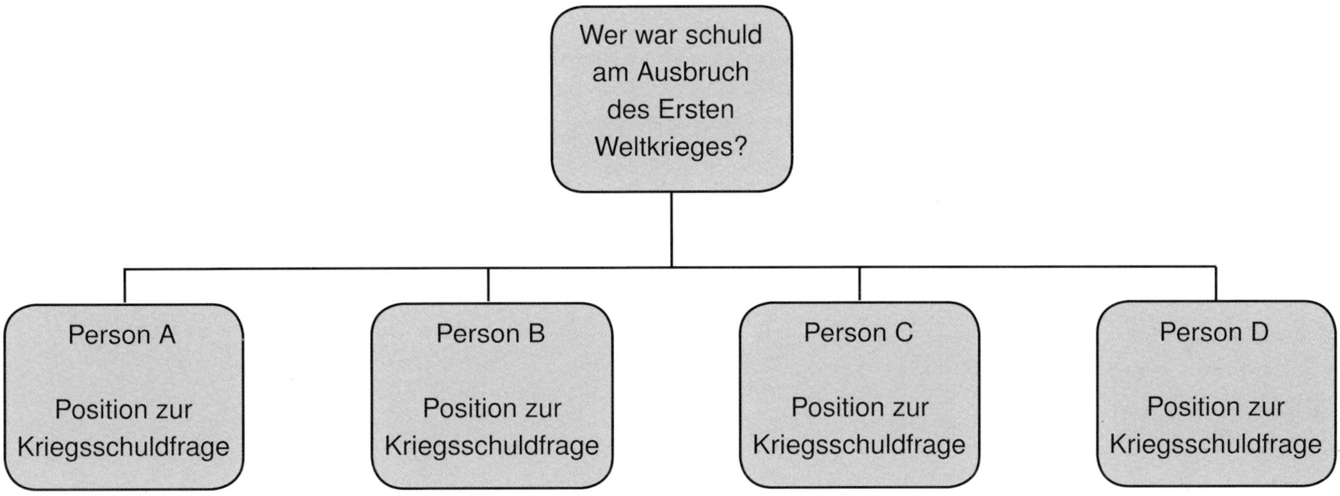

Möglichkeit B:

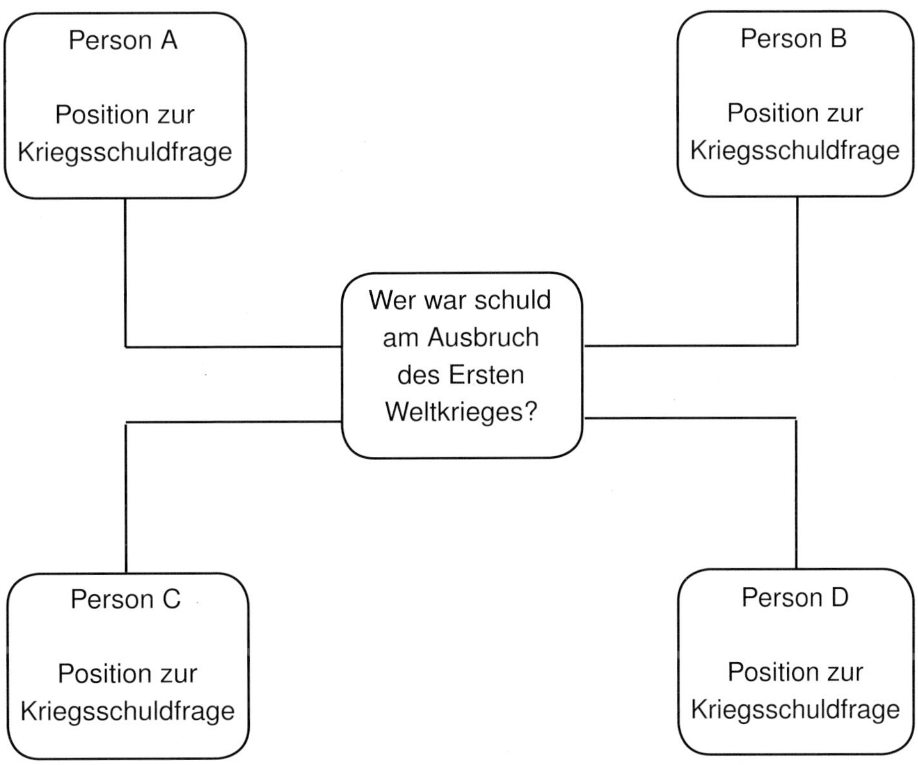

Lösungen

Station 1 und 1.1

Anlass für den Ausbruch des Ersten Weltkrieges

→ Attentat auf den österreichischen Thronfolger Franz Ferdinand

Ursachen für den Ausbruch des Ersten Weltkrieges

→ Deutsch-Französischer Krieg 1870/71; Revanchedenken (Elsass-Lothringen)

→ Europäisches Bündnissystem

→ Machtstreben der Großmächte

→ Kolonialstreben

→ Wettrüsten (Der Krieg ist ein Absatzmarkt für Waffen.)

Station 2

Artillerie	mit schweren Geschützen ausgestattete Kampftruppe einer Armee
Blockade	militärische Absperrung aller Zugangswege auf dem Land oder auf See
neutral	keiner der Krieg führenden Parteien angehörend oder diese unterstützend, unparteiisch
Mobilmachung	Der Staat zieht wehrfähige Männer in die Armee ein und bereitet sich auf den Kriegseinsatz vor.
Streitkräfte	Armee, Militär
Bunker	militärische Schutzanlage
Granate	mit Sprengstoff gefülltes Geschoss
Front	vorderste Linie der Kampftruppe; militärisches Kampfgebiet
Infanterie	„Fußtruppen", mit Handwaffen ausgerüstete und auf den Nahkampf spezialisierte Kampftruppen einer Armee (wie Jäger, Gebirgs-, Fallschirmjäger)
marschieren	sich zügig und geordnet in geschlossenen Gruppen fortbewegen
Propaganda	systematische Verbreitung politischer oder weltanschaulicher Ideen und Meinungen mit dem Ziel, die Sichtweisen großer Bevölkerungsteile in bestimmter Weise zu beeinflussen
Wettrüsten, Aufrüstung	zwischen mindestens zwei Staaten gleichzeitige Steigerung der Waffenproduktion und verstärkte Anhäufung von Waffen mit dem Ziel, den Gegner zu überbieten
rationieren	In bestimmten Krisen- oder Notzeiten werden Güter und Lebensmittel nur in festgelegten, relativ kleinen Rationen zugeteilt.

Station 2.1

Artillerie	mit schweren Geschützen ausgestattete Kampftruppe einer Armee
Blockade	militärische Absperrung aller Zugangswege auf dem Land oder auf See
neutral	keiner der Krieg führenden Parteien angehörend oder diese unterstützend, unparteiisch
Front	vorderste Linie der Kampftruppe; militärisches Kampfgebiet
Infanterie	„Fußtruppen", mit Handwaffen ausgerüstete und auf den Nahkampf spezialisierte Kampftruppen einer Armee (wie Jäger, Gebirgs-, Fallschirmjäger)
Propaganda	systematische Verbreitung politischer oder weltanschaulicher Ideen und Meinungen mit dem Ziel, die Sichtweisen großer Bevölkerungsteile in bestimmter Weise zu beeinflussen
Wettrüsten, Aufrüstung	zwischen mindestens zwei Staaten gleichzeitige Steigerung der Waffenproduktion und verstärkte Anhäufung von Waffen mit dem Ziel, den Gegner zu überbieten

Station 3

Richtige Aussagen sind:

2. Laut Schlieffenplan sollten die französischen Streitkräfte in einem Blitzkrieg besiegt werden. Anschließend sollten die deutschen Truppen an der Ostfront gegen die russischen Streitkräfte kämpfen.
5. Schlieffen vermutete, dass die Mobilmachung der russischen Armee einige Wochen dauern würde. Somit hätten die deutschen Truppen ausreichend Zeit, um zuerst Frankreich in einem Blitzkrieg zu besiegen.

Station 4

Individuelle Lösung

Mögliches Beispiel

Erster Weltkrieg ➔ neue Waffen

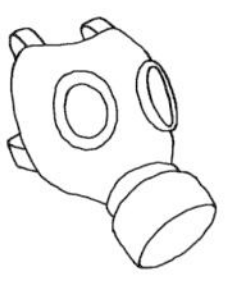 ➔ 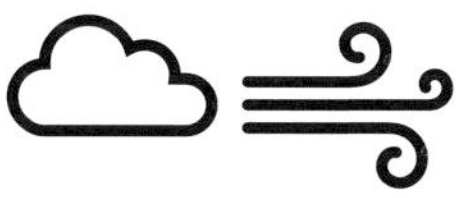 ➔  ➔ 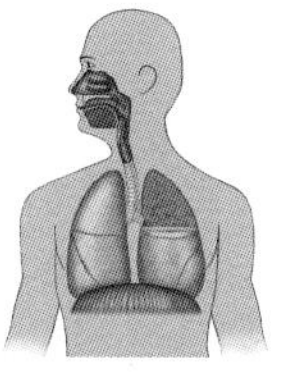

Schützengräben ➔ Stürmung gegnerischer Stellungen 

 keine besondere Bedeutung für Kriegsausgang

1916 (GB)  zerstören Schützengräben und Stacheldrahtzäune

1915 (Deutsches Reich) 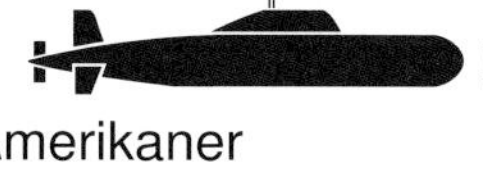 U-Boot ➔ Handelsblockade durchbrechen ➔ Versorgung Großbritanniens durch Amerikaner

Station 5 und 5.1

Aufgabe	Stellungskrieg	Bewegungskrieg	Materialschlacht
Definition des Begriffs Notiere mit wenigen Stichworten die Merkmale der jeweiligen Kampfart.	– befestigte Stellungen – Armeen in Schützengräben – starr und unbeweglich	– mindestens eine Armee auf dem Vormarsch – wenige Verschanzungen (Bunker) – häufige Änderungen des Frontverlaufs	– großer Bedarf an Munition, Waffen und Kriegsmaterial – Zermürbung des Gegners durch große Mengen an Soldaten und Waffen – große Verluste auf allen Seiten
Zusatzaufgabe (freiwillig) Schreibe die im Ersten Weltkrieg auftretenden Besonderheiten auf.	– 700 km langes Grabensystem (an der Westfront) – Einsatz neuartiger Waffen wie Maschinengewehre, Tanks usw. – entstand, nachdem der deutsche Vormarsch in Frankreich gestoppt wurde	– Eroberung Belgiens – Vormarsch in Frankreich bis zur Marne – Nachschubprobleme – Marschgepäck bis 40 kg	– neu entwickelte Waffen: Geschütze, Granaten, Minen, Flammenwerfer, Gasgranaten, Tanks, Flugzeuge – in der Heimat werden aus allen verwendbaren Materialien Waffen hergestellt

Station 6

Heimatfront

Kriegsmüdigkeit

Was versteht man unter Kriegsmüdigkeit?
- Kriegsablehnung und Forderung nach Frieden

Warum stellte sich ab 1916 in der deutschen Bevölkerung eine Kriegsmüdigkeit ein?
- Unterernährung, Todesfälle
- geringe Kriegserfolge

Heimatfront

Was versteht man unter dem Begriff „Heimatfront“?
- Front = Kampflinien
- Heimatfront = Einbeziehung der Zivilbevölkerung in den Krieg, z. B. durch Unterstützung der Soldaten

Welche Aufgaben hatte die Zivilbevölkerung?
- Zivilbevölkerung unterstützt den Krieg z. B. mit Lebensmitteln, Kleidung, Waffen, Munition

Aufgaben von Frauen und Kindern

Welche Auswirkungen hatte der Krieg auf Frauen und Kinder?
- Fabrikarbeit mit Überstunden und Nachtarbeit
- schwere körperliche Arbeit
- Überlastung, da Hausarbeit und Erziehung zusätzlich erledigt werden mussten

Not und Hunger

Welche Auswirkungen hatte der Krieg auf die Zivilbevölkerung?
- Mangel an Alltagsgütern
- Lebensmittelknappheit
- Unterernährung

Was beeinflusste nachteilig den deutschen Seehandel bzw. die Nachschubwege?
- englische Blockade der deutschen Seehäfen und Nachschubwege

Station 7

Gefallene und Verwundete im Ersten Weltkrieg

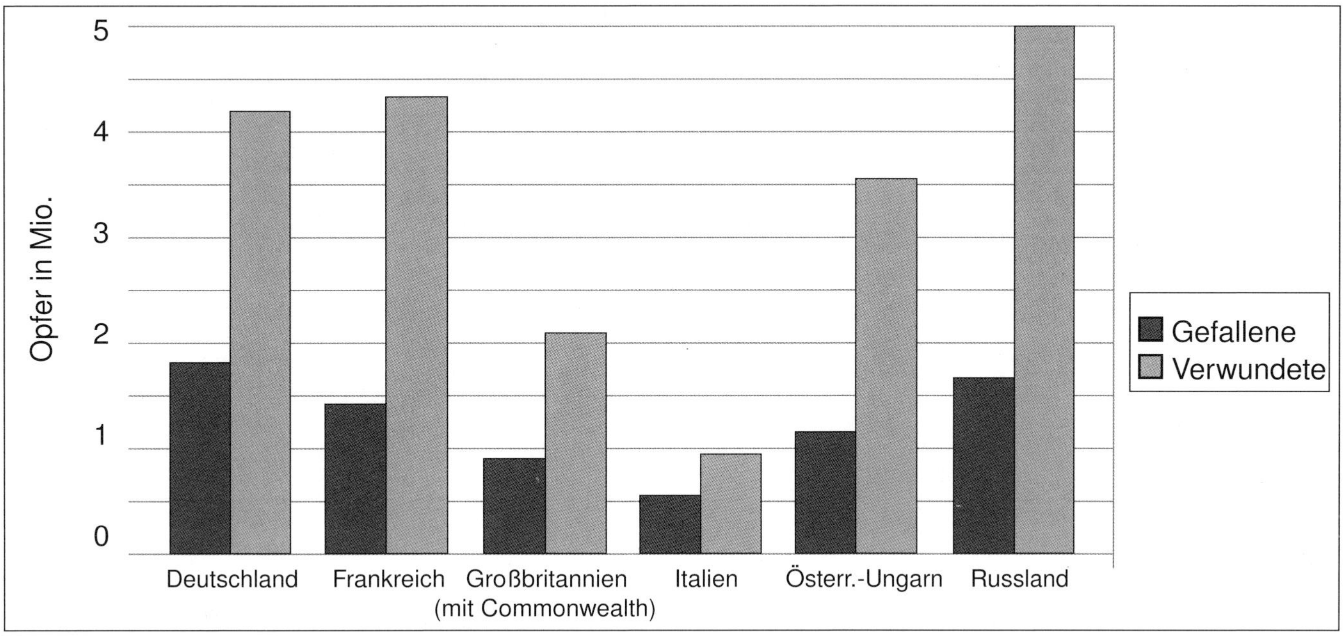

Station 8

Aufgabe 2:
Quelle 1:
- pessimistisch, den Tod erwartend
- fassungslos
- ängstlich

Quelle 2:
- nüchtern die Situation beschreibend
- ängstlich angesichts der Erlebnisse im Schützengraben und der Verluste in der eigenen Einheit

Quelle 3:
- pflichtbewusst kämpfend für Frankreich
- bereit, sein Leben für das Vaterland zu geben
- im Vertrauen auf Gott das Schicksal erwartend

Aufgabe 3:
Unterschiede zwischen den drei Briefen:
- Die Unterschiede sind gering ausgeprägt.
- Die Angst vor dem Tod und vor allem die Abscheu vor der Kriegswirklichkeit wird in allen drei Quellen deutlich.

Station 9

Das verhängnisvolle Verdun

Verdun, ein Ort in Frankreich, war Schauplatz einer der opferreichsten Schlachten zwischen Deutschen und Franzosen im Ersten Weltkrieg. Verdun hatte für Frankreich strategische und symbolische Bedeutung. Die Schlacht begann im Februar 1916 mit dem Angriff deutscher Truppen auf Verdun und endete am 20. Dezember desselben Jahres, ohne dass es zu größeren Verschiebungen der Front kam.
Mehr als 1,5 Millionen Soldaten standen sich auf kleinstem Raum gegenüber. Auf beiden Seiten fielen etwa 500.000 Soldaten. Die monatelang andauernde Schlacht brachte für keine Seite einen entscheidenden Erfolg. Dabei wurde so viel Waffenmaterial verbraucht, dass diese Kampfhandlungen auch als Materialschlacht bezeichnet wurden.

Station 10

Truppenstärke im Ersten Weltkrieg

Mittelmächte

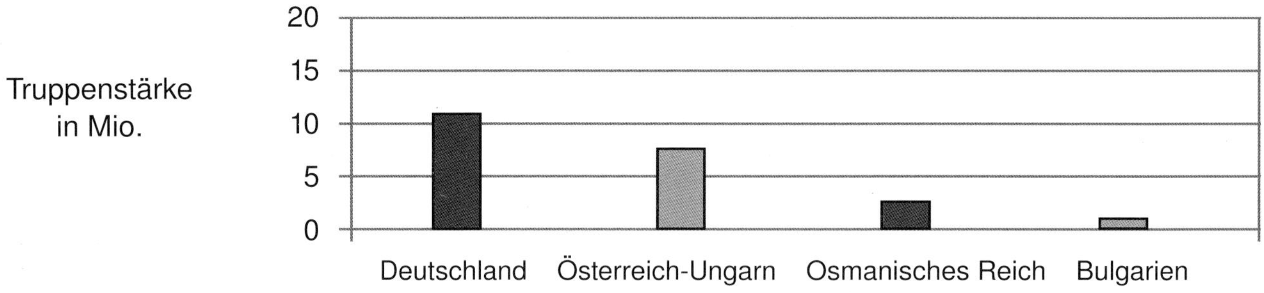

Mächte der Entente und weitere Verbündete

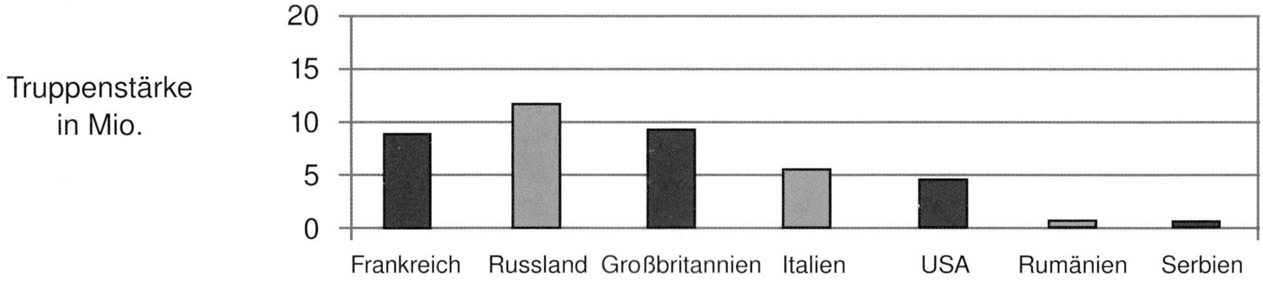

Station 11 und 11.1

Individuelle Lösung

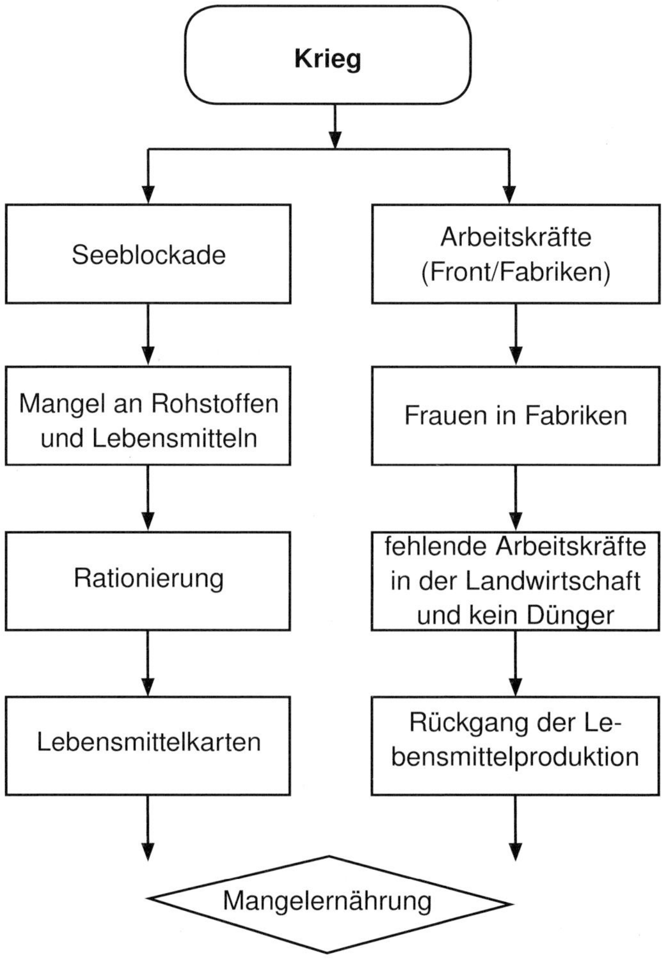

Station 12 und 12.1

Allgemeines	Titel des Bildes	Flandern
	Entstehungsjahr	1934–1936
	Name des Künstlers	Otto Dix
	Aktueller Standort	Berlin (Nationalgalerie)
Ersteindruck	Was siehst du auf dem Bild?	kahle Landschaft, Schlachtfeld, Soldaten, Blut, Leichen, Schlamm, Gewehre usw.
	Wie wirkt das Bild auf dich?	*individuelle Lösung*
	Welche Gefühle löst das Bild in dir aus?	*individuelle Lösung*
Nähere Untersuchung	Beschreibe die Farbgebung. Welche Stimmung wird durch die Farbgebung deutlich?	eher dunkle Farben, bedrohlich, traurig, Weltuntergangsstimmung
	Beschreibe den Licht- und Schattenverlauf. Welche Stimmung wird deutlich?	In dunklen Farben sind die Soldaten und das Schlachtfeld abgebildet, Helligkeit findet sich nur am Himmel, trostlose Stimmung.
	Welche Mimik und Gestik (Gesichtsausdruck und Körpersprache) zeigen die abgebildeten Personen?	Erschöpfung, Müdigkeit, Entsetzen, Tod
	Welche weiteren Aussagen werden durch den Bildinhalt verdeutlicht?	*individuelle Lösung*
Eigene Bewertung	Würdest du dir dieses Gemälde im Zimmer aufhängen? Begründe deine Antwort!	*individuelle Lösung*
	Überlege dir einen anderen/eigenen Titel für das Gemälde!	*individuelle Lösung*

Station 13

1. Plakat:
La Guerre est l'Industrie Nationale de la Prusse
(Der Krieg ist die nationale Industrie Preußens)

a) Wer ist der Urheber des Plakats?
der französische Staat
b) Wer wird angesprochen?
die französische Bevölkerung
c) Was ist abgebildet?
eine preußische Krake, die sich über ganz Europa ausdehnt
d) Welches Ziel wird mit dem Plakat verfolgt?
die Gefährlichkeit des Kriegsgegners zeigen, der Europa erobern will
e) Ist die Aussage realistisch?
Das Plakat soll zeigen, dass vom Deutschen Reich der Krieg ausging.

2. Plakat:
Russische Grenzsoldaten

a) Wer ist der Urheber des Plakats?
das Deutsche Reich
b) Wer wird angesprochen?
die deutsche Bevölkerung
c) Was ist abgebildet?
zwei zerlumpte, abgemagerte russische Soldaten
d) Welches Ziel wird mit dem Plakat verfolgt?
Verunglimpfung der Russen als Barbaren
e) Ist die Aussage realistisch?
nein

Station 14

Individuelle Lösung

Beispiel für die deutsche Perspektive

Gegnerisches Nachschubschiff, getarnt als Passagierdampfer, versenkt
Atlantik, vor der Südküste Irlands
Am 7. Mai 1915 um 14:10 Uhr ist der britische Dampfer „Lusitania" durch unsere tapferen Marinesoldaten im Atlantik versenkt worden. Das Schiff konnte vor der Südküste Irlands gestellt werden. Am Bord befanden sich wichtige Kriegsgüter für das britische Militär. Mit diesem militärischen Erfolg zeigt die deutsche Marine ihre Überlegenheit auf dem Atlantischen Ozean. Mit solchen und weiteren Erfolgen zur See werden auch die kämpfenden Soldaten an der Westfront unterstützt.

Beispiel für die britische Perspektive

Lusitania versenkt – deutsche Aggressoren greifen unschuldige Zivilisten an
Atlantik vor der Südküste Irlands
Am 7. Mai 1915 wurde unser Dampfer „Lusitania" vom erbarmungslosen deutschen Gegner im Atlantischen Ozean vor der Südküste Irlands versenkt. An Bord befanden sich 1258 Passagiere und 701 Besatzungsmitglieder, von denen 1198 ums Leben kamen – allesamt unschuldige zivile Opfer in einem vom Deutschen Reich begonnenen, aggressiven Krieg. Diese Tat werden wir nicht vergessen! Sie trifft unsere ganze Nation!

Station 15 und 15.1

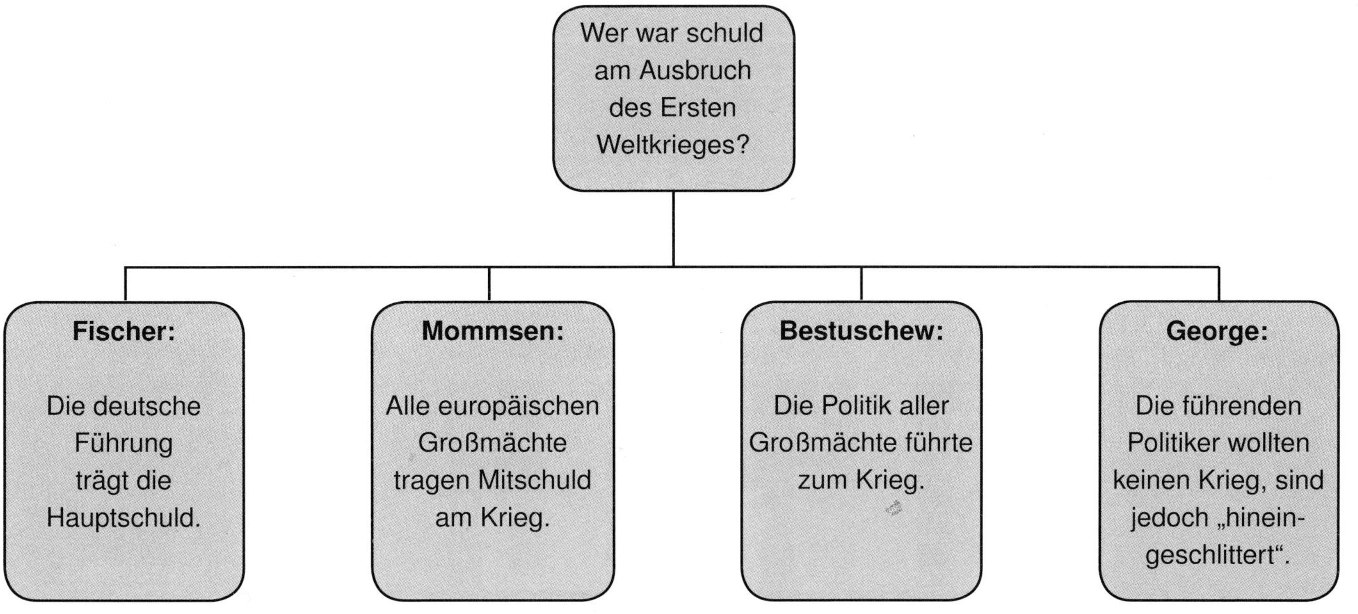

Erster Weltkrieg 1914–1918

Teste dich selbst!

senkrecht	waagerecht
1. Steigerung der Waffenbestände bei den kriegsvorbereitenden Staaten	2. Verbreitung politischer Ideen, um jemanden in einer bestimmten Weise zu beeinflussen
3. militärische Schutzanlage	4. vorderste Linie der kämpfenden Truppe; militärisches Kampfgebiet
5. Art der militärischen Auseinandersetzung, bei der mindestens eine Seite auf dem Vormarsch ist	6. unbewegliche militärische Auseinandersetzung, bei der es kaum oder gar nicht zu Gebietsgewinnen kommt
7. wichtiges Nahrungsmittel, insbesondere in Kriegszeiten	8. Wegen der britischen ... konnten deutsche Handels- und Versorgungsschiffe die Häfen nicht erreichen.
9. Titel eines berühmten Gemäldes zum Ersten Weltkrieg von Otto Dix	10. Ort der Friedenskonferenz nach dem Ersten Weltkrieg
11. Wer trug in der Heimat die Hauptlast des Krieges?	12. Unter Historikern ist die ... im Zusammenhang mit dem Ausbruch des Ersten Weltkrieges und der Verantwortung daran besonders umstritten.
13. Synonym (gleichbedeutendes Wort) für Streitkräfte	14. Aufgrund der schlechten Versorgungslage wurde Nahrung über Lebensmittelkarten ausgegeben. Wie lautet der Fachausdruck, wenn beschränkt vorhandene Güter zugeteilt werden?

Erster Weltkrieg 1914–1918

Teste dich selbst! – Lösung

													1 A				
									3 B				U				
					5 B		9 F		U				F				
			6 S	T	E	L	L	U	N	G	S	K	R	I	E	G	
					W		A		K				Ü				
		7 K			E		N		E				S				
		A			G		D		R				T				
		R			U		E						U				
		T			N		R			4 F	R	O	N	T			
2 P	R	O	P	A	G	A	N	D	A				G				
		F			S												
		F			K												13 A
		E	10 V	E	R	S	A	I	L	L	E	S					R
		L			I												M
					E									11 F			E
	12 K	R	I	E	G	S	S	C	H	U	L	D	F	R	A	G	E
														A			
														U			
				8 S	E	E	B	L	O	C	K	A	D	E			
				14 R	A	T	I	O	N	I	E	R	U	N	G		

Lernerfolgskontrolle zum Ersten Weltkrieg

Name: **Klasse:** **Datum:**

1. Wann fand der Erste Weltkrieg statt?

/2

2. Welches Ereignis löste den Ersten Weltkrieg aus?

- ☐ Zwischen Kaiser Wilhelm II. und dem englischen Premierminister Winston Churchill kommt es aufgrund von Grenzstreitigkeiten in den afrikanischen Kolonien zu einem Konflikt, der zum Ersten Weltkrieg führt.
- ☐ Der österreichische Thronfolger Franz Ferdinand wird in der bosnischen Stadt Sarajevo durch einen serbischen Attentäter erschossen.
- ☐ Frankreich erklärt, mit dem Ziel der Rückeroberung Elsass-Lothringens, dem Deutschen Reich den Krieg.
- ☐ Aufgrund von großen Rohstoffvorkommen marschiert das deutsche Militär in Belgien ein.

/2

3. Definiere folgende Begriffe:

Propaganda:

Stellungskrieg:

/4

4. Erläutere die gesellschaftliche Rolle der Frauen im Ersten Weltkrieg.

/4

5. Im Versailler Friedensvertrag wurde festgehalten, dass das Deutsche Reich die alleinige Schuld am Ausbruch des Krieges trägt. Stelle zwei unterschiedliche dir bekannte Positionen von Historikern zu dieser Aussage dar.
Bewerte anschließend aus deiner Sicht die Kriegsschuldfrage!

/6

Note:

/18

Erwartungshorizont zur Lernerfolgskontrolle zum Ersten Weltkrieg

1. Wann fand der Erste Weltkrieg statt?

1914–1918

2. Welches Ereignis löste den Ersten Weltkrieg aus?

- ☐ Zwischen Kaiser Wilhelm II. und dem englischen Premierminister Winston Churchill kommt es aufgrund von Grenzstreitigkeiten in den afrikanischen Kolonien zu einem Konflikt, der zum Ersten Weltkrieg führt.
- ☒ Der österreichische Thronfolger Franz Ferdinand wird in der bosnischen Stadt Sarajevo durch einen serbischen Attentäter erschossen.
- ☐ Frankreich erklärt, mit dem Ziel der Rückeroberung Elsass-Lothringens, dem Deutschen Reich den Krieg.
- ☐ Aufgrund von großen Rohstoffvorkommen marschiert das deutsche Militär in Belgien ein.

3. Definiere folgende Begriffe:

Propaganda: Unter Propaganda versteht man die systematische Verbreitung politischer, weltanschaulicher Ideen und Meinungen mit dem Ziel, das allgemeine Bewusstsein großer Bevölkerungsteile in bestimmter Weise zu beeinflussen.

Stellungskrieg: Gegnerische Armeen kämpfen aus befestigten Stellungen heraus. Dazu graben sie sich in Schützengräben ein und schützen diese mit Stacheldrahtverhauen. Der Stellungskrieg ist starr und unbeweglich. Ziel ist es, dem Gegner den Weg zu versperren und ihn am Vordringen zu hindern.

4. Erläutere die gesellschaftliche Rolle der Frauen im Ersten Weltkrieg.

Da die Männer an der Front waren, fehlten zahlreiche Arbeitskräfte in der Landwirtschaft und der Industrie. Die Frauen mussten die Lücken schließen. Sie stellten Waffen her und waren außerdem allein für den Haushalt und die Erziehung der Kinder verantwortlich.

5. Im Versailler Friedensvertrag wurde festgehalten, dass das Deutsche Reich die alleinige Schuld am Ausbruch des Krieges trägt. Stelle zwei unterschiedliche dir bekannte Positionen von Historikern zu dieser Aussage dar.
Bewerte anschließend aus deiner Sicht die Kriegsschuldfrage!

Fischer: Die deutsche Führung trägt die Hauptschuld.

Mommsen: Alle europäischen Großmächte waren verantwortlich und tragen Mitschuld.

Bestuschew: Die Politik aller Großmächte führte zum Krieg.

George: Die führenden Politiker wollten keinen Krieg, sind jedoch „hineingeschlittert“.

(Die Nennung der Namen der Historiker ist nicht erforderlich.)

Bewertung der Kriegsschuldfrage: *individuelle Lösung*

Feedback zum Unterricht bzw. zur Unterrichtseinheit

Feedback mithilfe der Handmethode
Die Lehrkraft bittet alle Schüler, auf einer DIN-A4-Seite die Umrisse ihrer Hand zu zeichnen. Mithilfe einer OH-Folie oder einer Zeichnung an der Tafel erklärt der Lehrer die Bedeutung der einzelnen Finger (siehe Abbildung). Anschließend sollen die Schüler ihr Feedback in die entsprechenden Fingerumrisse notieren.
Die Evaluation ist mit der Handmethode etwas aufwendiger als mit dem Fragebogen, weil die Antworten vielfältiger ausfallen. Im Gegensatz zum standardisierten Fragebogen unterliegt die Handmethode aber keinen inhaltlichen Beschränkungen.

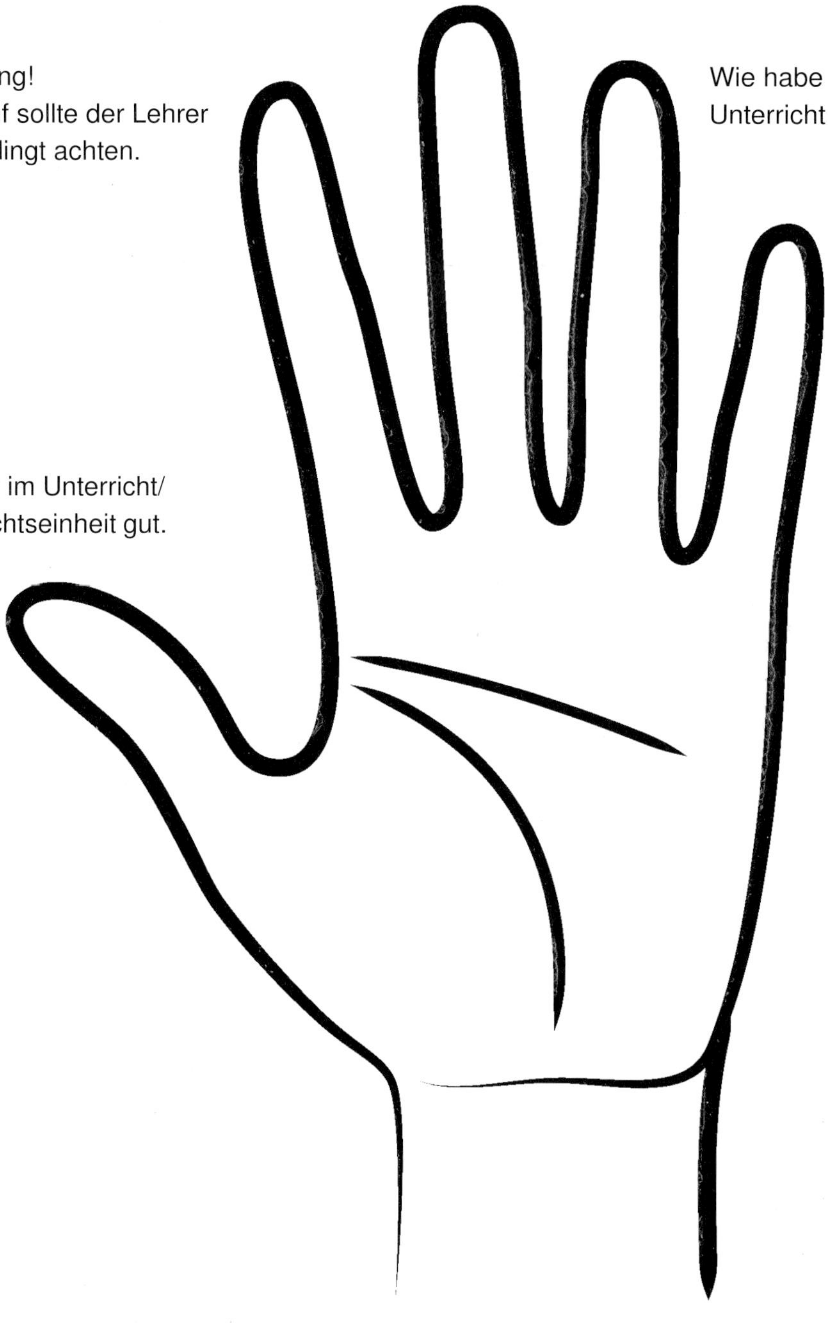

Feedback mit standardisiertem Fragebogen
Fragebögen erlauben dem Lehrer, gezielt nach bestimmten Unterrichtsaspekten, wie Interessen, Methoden, Lerntempi oder Sozialformen, zu fragen. Das Ausfüllen des Bogens geschieht im Ankreuzverfahren, wodurch die Evaluation zeiteffizient vollzogen werden kann.

Hinweis: Das Formular befindet sich zum Ausdrucken auf der CD und ist editierbar, kann also nach eigenen Bedürfnissen verändert werden.

Schülerfeedback zur Unterrichtseinheit „Erster Weltkrieg"					
1. Der Unterricht war interessant und abwechslungsreich.	++	+	O	-	--
2. Die Unterrichtsmethoden und Aufgaben waren vielseitig.	++	+	O	-	--
3. Den Unterrichtsstoff konnte ich gut verstehen. Das Lerntempo war angemessen.	++	+	O	-	--
4. Verschiedene Arbeitsweisen (Einzel-, Partner- oder Gruppenarbeit) wurden durchgeführt.	++	+	O	-	--
5. Der Lehrer ist auf Fragen eingegangen und konnte gut erklären.	++	+	O	-	--
6. Im Unterricht konnte ich Fragen stellen und meine Meinung frei äußern.	++	+	O	-	--
7. Mit meiner Mitarbeit im Unterricht/in der Unterrichtseinheit war ich zufrieden.	++	+	O	-	--
8. Die Noten sind gerecht und nachvollziehbar.	++	+	O	-	--
Was ich noch sagen möchte:					

Auswertung für den Lehrer

Auswertung	**++**	**+**	**O**	**-**	**--**
1. Interesse					
2. Methode					
3. Verständnis des Unterrichtsstoffes					
4. Arbeitsweise					
5. Unterrichtsgespräch					
6. Meinungsäußerung					
7. Selbsteinschätzung					
8. Benotung					

Hefterbewertung

Der Hefter von ____________ lag vor am:		Schüler/-in	Lehrer/-in	Schüler/-in	Lehrer/-in	
Das Deckblatt	☐ ist ordentlich und hat einen Bezug zum Fach.	2	2	2	2	Inwiefern bist du mit deinem Hefter
	☐ hat Mängel.	1	1	1	1	zufrieden?
	☐ fehlt.	0	0	0	0	
Das Inhaltsverzeichnis	☐ wird immer geführt.	2	2	2	2	
	☐ wird unregelmäßig geführt.	1	1	1	1	
	☐ wird nicht geführt.	0	0	0	0	
Die Blätter	☐ sind ordentlich und der Reihenfolge nach eingeheftet.	2	2	2	2	
	☐ sind ordentlich eingeheftet.	1	1	1	1	
	☐ sind lose und wahllos im Hefter.	0	0	0	0	
Der Rand von 2 cm	☐ wird immer eingehalten.	2	2	2	2	
	☐ wird manchmal eingehalten.	1	1	1	1	
	☐ wird nicht eingehalten.	0	0	0	0	
Die Überschriften und das Datum	☐ sind immer erkennbar.	2	2	2	2	
	☐ sind manchmal erkennbar.	1	1	1	1	Was möchtest du bis zur nächsten
	☐ sind nicht erkennbar.	0	0	0	0	Hefterkontrolle verbessern?
Die Schrift	☐ ist sehr gut lesbar und sauber.	2	2	2	2	
	☐ weist Mängel in der Lesbarkeit auf.	1	1	1	1	
	☐ ist schlecht lesbar und unsauber.	0	0	0	0	
Der Hefter	☐ ist vollständig.	2	2	2	2	
	☐ ist zum Teil unvollständig.	1	1	1	1	
	☐ ist sehr lückenhaft.	0	0	0	0	
Der Hefter ist insgesamt	☐ vorbildlich.	☐	☐	☐	☐	
	☐ ordentlich.	☐	☐	☐	☐	
	☐ noch den Erwartungen entsprechend.	☐	☐	☐	☐	
	☐ unordentlich.	☐	☐	☐	☐	
	☐ nicht als Arbeitsmittel geeignet.	☐	☐	☐	☐	
		___/15	___/15	___/15	___/15	

Note	1	2	3	4	5	6
Punkte	15–13	12–10	9–7	6–4	3–1	0

Quellenverzeichnis

Bildnachweis:

Cover: Wilhelm II. Westfront um 1916 (Ausschnitt) © akg-images, Berlin

Stationssymbole: Krone: © tribalium81 – Fotolia.com; Ampel: © sablin – Fotolia.com

S. 14: Soldaten mit Kanone: © Bundesarchiv, Bild 183-R52907 / CC-BY-SA, http://commons.wikimedia.org/wiki/File:Bundesarchiv_Bild_183-R52907,_Mannschaft_mit_Gasmasken_am_Fla-MG.jpg; Panzer: Wikipedia, http://de.wikipedia.org/w/index.php?title=Datei:Pnazer angriff_cambrai.jpg&filetimestamp=20130309100743&; Seekrieg: © Bundesarchiv, Bild 102-00159 / CC-BY-SA, http://commons.wikimedia.org/wiki/File:Bundesarchiv_Bild_102-00159,_U-Bootkrieg,_britisches_Schiff_%22Maplewood%22.jpg ; zerschossene Landschaft: Wikimedia Commons, http://commons.wikimedia.org/wiki/File:Chateau_Wood_Ypres_1917.jpg; Soldaten im Schützengraben: Wikimedia Commons, http://commons.wikimedia.org/wiki/File:Bulgaria_southern_front.jpg; S. 15, 17: Bewegungskrieg: © Bundesarchiv, Bild 104-0984A / CC-BY-SA, http://commons.wikimedia.org/wiki/File:Bundesarchiv_Bild_104-0984A,_Bei_Etricourt,_Truppen_auf_Landstra%C3%9Fe.jpg?uselang=de; Stellungskrieg: Wikimedia Commons, http://commons.wikimedia.org/wiki/File:Cheshire_Regiment_trench_Somme_1916.jpg?uselang=de; S. 16, 18: Materialschlacht: Wikimedia Commons, http://commons.wikimedia.org/wiki/File:Munitions-Verdun.jpg; S. 20, 42: Gesichter: Wolfgang Slawski; Fabrik: © raven – Fotolia.com; Korb: © hanaschwarz – Fotolia.com; S. 23: Angriff: Wikipedia, http://de.wikipedia.org/w/index.php?title=Datei: Verdun_15_03_1914_Toter_Mann_296_2.jpg&filetimestamp=20121128050207&; zerschossene Landschaft: Wikimedia Commons, http://commons.wikimedia.org/wiki/File:Malancourt_Haucourt_304.jpg; S. 25, 27: © Deutsches Historisches Museum, Berlin; S. 29, 31: © VG Bild-Kunst, Bonn 2014; S. 34: französisches Plakat: © Deutsches Historisches Museum, Berlin; deutsche Postkarte: © Deutsches Historisches Museum, Berlin; S. 35: © Bundesarchiv, DVM 10 Bild-23-61-17 / CC-BY-SA, http://de.wikipedia.org/w/index.php?title=Datei:Bundesarchiv_DVM_10_Bild-23-61-17,_Untergang_der_%22Lusitania%22.jpg&filetimestamp=20110909052324; S. 41: Gasmaske: Wolfgang Slawski; Wind: © redkoala – Fotolia.com; Atmung: © Andrea Danti – Fotolia.com; Soldat: Wolfgang Slawski; Granate, Flugzeug, Panzer: © andròmina – Fotolia.com; U-Boot: © daw666 – Fotolia.com; S. 52: Hand: © nikolae – Fotolia.com

Literaturverzeichnis:

Geiß, D. (Hrsg.): Der große Ploetz. Die Enzyklopädie der Weltgeschichte. Vandenhoeck&Ruprecht Verlag. S. 769

Müller H.: Schlaglichter der deutschen Geschichte. Bundeszentrale für politische Bildung. Bonn 2003. S. 219–221, S. 238

Folgende Internetquellen wurden bei der Bearbeitung verwendet:

Chronos Film GmbH (Hrsg.): DHM. Beginn des Ersten Weltkrieges. Dokumentation 1914 aus: „Kaiser, Bürger und Genossen". URL: http://www.dhm.de/medien/lemo/videos/marne (gesichtet am 1. Juli 2012)

DHM (Hrsg.): Verfasser unbekannt. Alltagsleben: URL: http://www.dhm.de/lemo/html/wk1/alltag/index.html (gesichtet am 3. Juli 2012)

DHM (Hrsg.): Verfasser unbekannt. Kriegsschuldfrage. URL: http://www.dhm.de/lemo/html/weimar/innenpolitik/kriegsschuld/index.html (gesichtet am 16. Juli 2012)

DHM (Hrsg.): Verfasser unbekannt. Lebensmittelrationierung. URL: http://www.dhm.de/lemo/html/wk1/alltag/index.html (gesichtet am 3. Juli 2012)

DHM (Hrsg.): Verfasser unbekannt. Lebensmittelversorgung. URL: http://www.dhm.de/lemo/html/wk1/wirtschaft/versorgung/index.html (gesichtet am 3. Juli 2012)

DHM (Hrsg.): Verfasser unbekannt. Die Marne-Schlacht. URL: http://www.dhm.de/lemo/html/wk1/kriegsverlauf/marne/index.html (gesichtet am 1. Juli 2012)

DHM (Hrsg.): Verfasser unbekannt. Materialschlachten. URL: http://www.dhm.de/lemo/html/wk1/kriegsverlauf/material/index.html (gesichtet am 1. Juli 2012)

DHM (Hrsg.): Verfasser unbekannt. Der Schlieffen-Plan. URL: http://www.dhm.de/lemo/html/wk1/kriegsverlauf/schlieff/index.html (gesichtet am 1. Juli 2012)

DHM (Hrsg.): Verfasser unbekannt. Stellungskrieg. URL: http://www.dhm.de/lemo/html/wk1/kriegsverlauf/stellung/index.html (gesichtet am 1. Juli 2012)

DHM (Hrsg.): Verfasser unbekannt. Verdun (22. Februar bis Juli 1916). URL: http://www.dhm.de/lemo/html/wk1/kriegsverlauf/verdun/index.html (gesichtet am 2. Juli 2012)

G-Geschichte (Hrsg.). Soldatenbriefe aus dem 1. Weltkrieg. URL: http://www.g-geschichte.de/pdf/plus/soldatenbriefe_aus_dem_ersten_weltkrieg.pdf (gesichtet am 30. Juni 2012)

Online-Duden

Pädagogik-Server (Hrsg.): Verfasser unbekannt. Aus dem Bewegungskrieg wurde ein Stellungskrieg. Bewegungskrieg. URL: http://www.paedagogik.net/wochenthemen/weltkrieg1/stellungskrieg.html (gesichtet am 1. Juli 2012) .

Pädagogik-Server (Hrsg.): Verfasser unbekannt. Aus dem Bewegungskrieg wurde ein Stellungskrieg. Stellungskrieg. URL: http://www.paedagogik.net/wochenthemen/weltkrieg1/stellungskrieg.html (gesichtet am 1. Juli 2012)

Wikipedia (Hrsg.): Verfasser unbekannt. Kriegsschuldfrage. URL: http://de.wikipedia.org/wiki/Kriegsschuldfrage (gesichtet am 15. Juli 2012)

Wikipedia (Hrsg.): Verfasser unbekannt. Materialschlacht. URL: http://de.wikipedia.org/wiki/Materialschlacht (gesichtet am 1. Juli 2012)

Wikipedia (Hrsg.): Verfasser unbekannt. RMS Lusitania. URL: http://de.wikipedia.org/wiki/RMS_Lusitania#Ausreise (gesichtet am 25. Juli 2012)

Wikipedia (Hrsg.): Verfasser unbekannt. Stellungskrieg. http://de.wikipedia.org/wiki/Stellungskrieg (gesichtet am 1. Juli 2012)